水下航行器水动力噪声的抑制方法

刘永伟　李亚林　张　昊　姜虹旭　著

哈尔滨工程大学出版社

Harbin Engineering University Press

内 容 简 介

本书针对中高航速条件下航行器水动力噪声偏高的问题,以流动控制技术降低空腔和指挥台围壳的湍流脉动压力,进而降低这类典型结构水动力噪声。通过在孔腔开口前缘设置陷窝、后缘设置倒角和导流板,可有效降低孔腔的水动力噪声;在指挥台围壳设置机械式涡流发生器、微型涡流发生器、锯齿前缘和仿生翼型尾缘,可有效降低指挥台围壳的水动力噪声。书中还对流动控制技术及降噪效果开展了数值计算与试验测量,总结了各种控制技术的最佳特征参数。

本书可作为船舶与海洋工程、水声工程专业的本科生及研究生教材,也可作为相关专业研究人员的参考书。

图书在版编目(CIP)数据

水下航行器水动力噪声的抑制方法 / 刘永伟等著.
—哈尔滨:哈尔滨工程大学出版社,2022.3
ISBN 978 - 7 - 5661 - 2464 - 7

Ⅰ.①水… Ⅱ.①刘… Ⅲ.①可潜器 – 舰船噪声 – 噪声控制 Ⅳ.①U674.941

中国版本图书馆 CIP 数据核字(2022)第 036977 号

选题策划　马毓聪
责任编辑　马毓聪
封面设计　博鑫设计

出版发行	哈尔滨工程大学出版社
社　　址	哈尔滨市南岗区南通大街 145 号
邮政编码	150001
发行电话	0451 - 82519328
传　　真	0451 - 82519699
经　　销	新华书店
印　　刷	哈尔滨午阳印刷有限公司
开　　本	787 mm×1 092 mm　1/16
印　　张	8.5
字　　数	220 千字
版　　次	2022 年 3 月第 1 版
印　　次	2022 年 3 月第 1 次印刷
定　　价	39.00 元

http://www.hrbeupress.com
E-mail:heupress@ hrbeu.edu.cn

前　言

　　水动力噪声是中高航速条件下水下航行器的主要噪声源,严重破坏了其声隐身性能。水下航行器产生的水动力噪声是由其表面的孔腔和凸体所造成的流动分离和转捩等过程的较高湍流脉动压力激励壳体而形成的。以往控制水动力噪声的方法多以线型优化为主,极少开展以流动控制技术降低水动力噪声的方法研究。

　　本书以水下航行器上的方形孔腔和指挥台围壳作为研究对象,开展了以流动控制技术降低孔腔和指挥台围壳水动力噪声的研究工作。本书提出了三种降低孔腔水动力噪声的方法,即孔腔开口前缘陷窝、孔腔后缘倒角、孔腔后缘导流板;提出了四种降低指挥台围壳水动力噪声的方法,即在前缘与艇身结合处施加机械式涡流发生器,在围壳转捩区施加微型涡流发生器,在指挥台围壳前缘采用锯齿结构,在指挥台围壳尾缘采用仿生翼型尾缘。

　　本书采用数值计算与试验测试相结合的方法对上述流动控制技术及其降低水动力噪声的机理进行了研究。本书采用的数值计算软件为 FLUENT 和 ACTRAN。本书采用的流场计算方法为大涡模拟,声场计算方法为有限元加边界元和无限元,以及莱特希尔声类比。本书利用文献中简支板流激噪声与蒸汽管路阀门腔体流噪声的试验结果,验证了所建立数值计算方法的准确性。

　　数值计算结果表明:

　　(1)陷窝、后壁倒角和导流板均可以降低孔腔的水动力噪声:陷窝可在全频带内降噪,陷窝的直径与宽深比对降噪效果起决定性作用;后壁倒角可降低高频噪声,倒角角度和倒角线型对降噪效果起决定性作用;导流板可降低低频和高频噪声,但受到与来流方向夹角和排列方式的影响。

　　(2)机械式涡流发生器和微型涡流发生器均能降低指挥台围壳的水动力噪声:机械式涡流发生器的形状、与来流方向夹角、与指挥台围壳前缘的距离均对降噪效果起决定性作用;微型涡流发生器的攻角、入射角、高度均对降噪效果起决定性作用。

　　(3)锯齿前缘和仿生翼型尾缘均可以降低指挥台围壳的水动力噪声:锯齿型前缘的振幅、波长是影响降噪效果的重要参数;仿生翼型尾缘的振幅和波长是影响降噪效果的重要参数。

　　本书归纳总结了上述流动控制措施中可取得最佳降噪效果的参数。在此基础上,本书分别加工了孔腔原型模型和添加陷窝、后壁倒角与导流板的模型,指挥台围壳原始模型和施加机械式涡流发生器模型,以及含锯齿前缘模型,利用重力式水洞测量了这些流动控制技术降低水动力噪声的效果,并与数值计算结果进行了比较。

　　本书的研究结果为水下航行器的水动力噪声治理提供了一种新思路,为提高水下航行器的声隐身性能提供了技术支撑。

著　者

2021 年 12 月

目　录

第1章 绪 论

1.1 概 述

由于电磁波可被海水强烈吸收,而声呐是唯一有效的水下长距离探测手段,因此,要提高潜艇的隐蔽性,必须降低其被声呐探测到的概率。水下航行器的辐射噪声主要有三个方面:机械噪声、螺旋桨噪声和水动力噪声。一般来说,水动力噪声的强度与航速5~6次方正比,当速度增加一倍,水动力噪声会上升15~18 dB[1]。低航速时,水动力噪声可被螺旋桨噪声和机械噪声掩盖;高航速时,水动力噪声可成为水下航行器的主要噪声源。因此,降低水下航行器的水动力噪声可提高其声隐身性能与作战性能。

流体流经水下航行器产生的湍流是水动力噪声产生的重要原因。湍流自身辐射的噪声,称为流噪声;湍流脉动压力激励水下航行器产生振动并辐射的噪声,称为流激噪声。由于流激噪声要比流噪声的数量级高40 dB,因此通常说的水动力噪声以流激噪声为主。

水下航行器水动力噪声的产生方式有:①流体流经水下航行器表面时,边界层由层流转捩为湍流所形成的时空随机分布声源;②湍流边界层脉动压力激励水下航行器产生的弹性耦合振动;③当湍流经过水下航行器的孔腔时,在孔腔后沿区域形成脉动压力,激励水下航行器结构产生辐射噪声;④水下航行器表面凸体(如艏部指挥台围壳、艉部稳定翼等)产生展向压力梯度形成马蹄涡,激励水下航行器产生辐射噪声;⑤水下航行器转向时,因航行角度导致的表面流动分离产生大尺度涡旋;⑥水下航行器的翼型凸体受尾涡脱落激励而产生的流激噪声等。

孔腔对水下航行器的辐射噪声有重要的贡献。因为需要上浮和下潜,水下航行器表面要设置流水孔、压载舱开口,这些孔均可以看作孔腔。这些水下孔腔与流体相互作用引起水动力噪声,是一种典型的声学问题,即孔腔流动发声问题。孔腔的水动力噪声对水下航行体的声隐身有着破坏作用。因此,降低水下孔腔的水动力噪声,对于提高水下航行器的声隐身能力,增强其生存性有重要意义。

水下航行器凸体结构水动力噪声的来源为艏部、指挥台围壳和艉部稳定翼[2]。艏部是流动驻点,其水动力噪声与端面直径及线型有直接的关系,治理较为容易;指挥台围壳与艇身结合处会产生马蹄涡,马蹄涡耗散慢、强度大,甚至会影响螺旋桨处的进流,由马蹄涡激励指挥台围壳会产生强烈的水动力噪声[3],指挥台围壳的前缘驻点、表面流动分离和尾涡脱落皆能产生水动力噪声[4];艉部稳定翼的流场与指挥台围壳的流场很相似,其马蹄涡及脱落涡会严重破坏螺旋桨进流的均匀性,使得螺旋桨在非均匀来流中运行,进而产生强烈的辐射噪声。

因此,指挥台围壳作为水下航行器的凸体结构,其流场与水动力噪声的控制方法一直是研究的重点,而且可为艉部稳定翼的流场与水动力噪声的治理提供借鉴。可见,指挥台围壳的流场与水动力噪声的控制,是有极其重要意义的。

　　水动力噪声的早期研究方法以试验为主,时至今日,试验一直是水动力噪声研究的手段。但是,试验方法也有一些缺点:一方面,成本高、周期长、工作量大;另一方面,测量方法存在困难,如背景噪声难以消除,难以构建试验条件下的自由场等。这些不足使得水动力噪声的研究必须求助于别的方法。随着使用计算机精确求解物理问题数值计算方法的发展,用数值计算的方法研究水动力噪声成为可能。

1.2　孔腔水动力噪声研究

1.2.1　孔腔水动力噪声的产生过程

　　图1-1为孔腔水动力噪声产生的示意图。因腔口破坏了流体的连续性,发生边界层分离,造成剪切层振荡,该振荡撞击孔腔随边会产生声波,同时,声波也会干扰边界层内的涡,两者相互耦合,形成稳定的声辐射,这就是孔腔水动力噪声的产生过程。孔腔水动力噪声的来源有四个:腔口剪切层小涡系、腔内大涡、孔腔随边的涡流撞击与破碎、后沿尾流涡系。

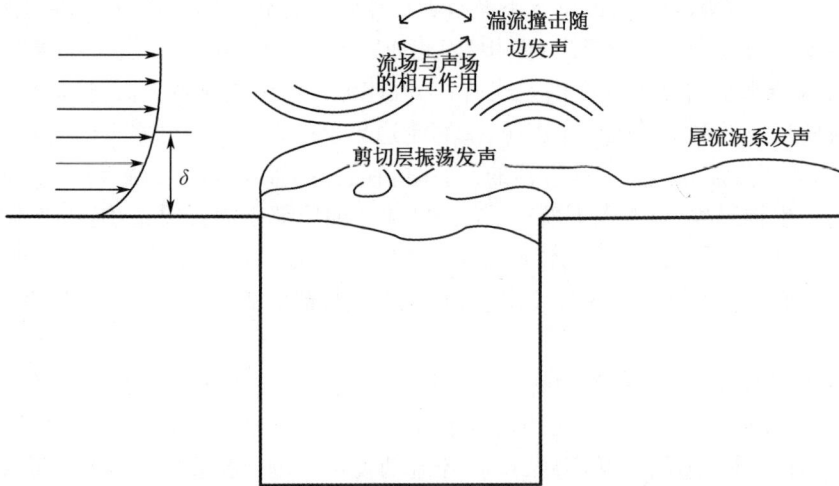

图1.1　孔腔水动力噪声产生的示意图

1.2.2　孔腔水动力噪声的计算研究

　　孔腔水动力噪声的计算研究很早就开始了,最初是从气动噪声开始的。Karamacheti[5]开展了孔腔流动噪声的试验研究。Rossiter[6]提出了孔腔振荡频率半经验半理论公式。Rockwell 等[7]把孔腔自持振荡分为流体 – 动力振荡、流体 – 共振振荡和流体 – 弹性振荡。Ashcroft 等[8]的研究结果表明振荡的频率和幅度取决于横跨腔口部剪切层的特性。张楠等[9]数值计算了倒 T 形孔穴与 L 形孔穴在不同水速下的流激噪声,并与循环水槽试验结果进行了对比分析。郝宗睿等[10]研究了孔腔辐射声场特性及阻尼截断区域中阻尼系数、控制面位置等参数对噪声信号的影响。耿冬寒等[11]考察了雷诺数为 1.2×10^5 的孔腔内噪声的辐射特性。陈荣钱等[12]对二维孔腔在亚声速、跨声速和超声速多个马赫数下进行噪声预测,并与试验结果对比,两者吻合较好。孙霖等[13]对孔腔分别加不同尺寸形式盖板的流动和水动力噪声特性进行了分析。

1.2.3 孔腔水动力噪声的控制研究

国内外学者对如何控制孔腔流激噪声进行了大量研究。Pascal 等[14]利用压电元件的致动器,使得孔腔中的声压级大大降低。Wang 等[15]发现通风的导向板能够在相对高的流速下抑制风振噪声。Mahmoud 等[16]发现在孔腔前沿使用宽度与高度比为 3 的矩形块能实现 30 dB 的噪声衰减。Liu 等[17]发现多孔涂层的使用可以使得在间隙区域内的涡脱落稳定,减少与下游的涡的相互作用,可减少单频和宽频噪声。Lu 等[18]使用半圆形、正方形、301 对称梯形和 301 不对称梯形前沿对孔腔的辐射噪声进行控制,试验结果表明:所有的前沿均实现了大于 14.0 dB 的降噪量。Wang 等[19]发现上游的凹形表面能有效地抑制孔腔流动振荡。赖焕新等[20]发现孔腔的底板/后墙使用多孔壁板可有效地减弱孔腔内的压力脉动和远场声辐射。陈逊等[21]发现射流激波的减速作用和流向涡对的掺混作用使得位于其正方向区域内的分离区增大,位于其反方向区域内的分离区减小。徐俊等[22]对方形孔腔周围涡流场及其等效声源场做了数值计算,提出了腔内加隔板的降噪方案。

综上所述,孔腔流激噪声的降噪方法分为声学降噪方法与流动控制降噪方法,通过流动控制降低孔腔流激噪声的方法是其主要控制方法。孔腔流动控制分为被动控制、主动控制两大类。其中,被动控制包括在孔腔上游放置凹形表面、矩形块、涡流发生器等,以改变孔腔来流的状态;在孔腔内部填充黏弹性材料或放置隔板,以改变孔腔内部漩涡的运动状态,实现对孔腔流动的控制,从而实现降噪。

1.2.4 本书控制孔腔水动力噪声的方法

陷窝可对高尔夫球运行过程进行减阻,近年来,陷窝开始被应用在发动机进气道抑制气流的分离方法中。在孔腔前沿的上游施加陷窝,能够将层流变为湍流。湍流内部含有各种大小不一的漩涡,这些漩涡在旋转、破碎过程中会带走一部分流体的动能,能够减轻流体对孔腔后沿随边造成的压力,压力的减小会降低孔腔声辐射的能力。同时,陷窝会增加流经孔腔的湍流度,可在孔腔内部形成稳定的涡旋,减少对孔腔壁面的压力脉动和孔腔内部的声波辐射。对于陷窝的流动控制作用,也已有人开展研究。刘静等[23]研究了陷窝宽深比对涡结构与涡核心强度的影响。

当流体流经孔腔流动分离后,流体造成的漩涡撞击孔腔后沿随边是孔腔辐射噪声的主要来源。因此,可通过改变孔腔后沿随边的形状调整流体动力振荡和内部流体的运动状态,使孔腔内部涡旋的尺度及腔外流体的再附点发生变化,降低孔腔的流激噪声。刘璐璐等[24]利用直立栅格和斜立栅格对孔腔流激噪声的抑制效果进行了数值模拟,发现斜立栅格抑制噪声的效果优于直立栅格。

孔腔随边后增加扰流板,能够破坏孔腔随边产生的再附涡旋,扰流板类似涡流发生器,可为尾缘内的涡旋与腔体再分离的边界层内注入能量,进而抑制尾缘涡旋产生的噪声。

1.3　指挥台围壳水动力噪声研究

1.3.1　水动力噪声理论分析方法

湍流脉动压力激励围壳振动产生的流激噪声,是一个流体、结构、声场三者耦合的过程。湍流脉动压力是一种面分布的随机激励力源,通过确定湍流边界层脉动压力的波数 - 频率谱,计算结构的耦合振动,即可求解辐射声场。

由 Corcos[25]建立的经典湍流脉动压力波数 - 频率谱模型,适用于高马赫数的情况。在该模型的基础上,建立了适用于低马赫数的 Chase[26]模型、Smol'kov - Tkackenko[27]模型。之后,汤渭霖[28]用波数 - 频率谱传递函数表征弹性板及流体载荷的整个系统特性,导出了噪声场互谱的函数表达式。王春旭等[29]分析了六种脉动压力波数 - 频率谱模型预报槽道流脉动压力自功率谱的精度,指出了各类模型的特点与不足。李祖荟等[30]采用输入为 Corcos 湍流脉动压力频率波数模型,利用主成分分析法与振动 - 声传递向量法计算平板流激噪声,两种方法得到的结果一致。

1.3.2　水动力噪声数值计算方法

随着计算机精确求解物理问题数值算法的发展,计算流体力学(computational fluid dynamics,CFD)诞生,随着网格生成算法的完善,CFD 逐渐成为研究舰船、潜艇和鱼雷水动力学的工具。

1989 年,美国大卫·泰勒研究中心(David Taylor Research Center,DTRC)提出了潜艇标准模型 SUBOFF,该模型由一个轴对称的艇身、一个指挥台围壳及四个尾翼组成,并提供了速度、压力、摩擦力、雷诺应力等物理量的试验数据,成为后续研究潜艇水动力问题的标准模型[31-32]。

Bull 等[33]通过改变网格数量对 SUBOFF 主艇体及全附体艇体的尾流进行了数值模拟,发现采用 RNG 的 $k-\varepsilon$ 模型可较好地模拟潜艇周围流场。Rickard[34]计算了 SUBOFF 系列潜艇的黏性流场,与试验值对比,证明了大涡模拟在流场模拟中的精确性。Nah[35]采用 Fluent 进行了 SUBOFF 湍流尾流的数值计算,发现在螺旋桨尾流段,数值计算结果与试验结果保持一致。Holloway 等[36]利用大涡模拟的方法计算 SUBOFF 流场,深入分析了其产生流动分离的现象。

赵峰等[37]应用复杂流动场多块耦合计算方法对潜艇含指挥台围壳附体区域周围黏性流场进行了数值计算。魏应三等[38]通过 CFD 计算得到了潜艇表面脉动压力,并以响应结果作为边界条件,采用声场精细积分的算法预报了潜艇的流激噪声。吕世金等[39-40]运用模态平均法计算了子单元的流激噪声,根据声能叠加原理建立了航行体水动力辐射噪声预报方法,但该方法主要应用于高频。许影博等[41]采用大涡模拟结合边界元的方法进行了翼型流激噪声的数值计算,指出流激噪声具有较强的偶极子特性。

张楠等[42-43]首先采用求解 RANS 方程的数值计算方法,应用 $k-\varepsilon$、RNG 的 $k-\varepsilon$ 和 $k-\omega$ 三种湍流模型,计算了潜艇模型 SUBOFF 及 SM－x 的阻力与尾流场,对比试验结果,验证了各类湍流模型的适用范围。涂海文等[44]运用 RNG 的 $k-\varepsilon$ 模型,对 SUBOFF 四种模型的阻力值进行了数值模拟。吕晓军等[45]分析了网格数量、壁面 y^+ 值、离散格式、湍流模型对潜艇阻力预报精度的影响。赵骥等[46]应用 OpenFOAM 平台进行了 SUBOFF 绕流问题的黏势流耦合计算,提高了传统的 CFD 计算效率。

孙权[47]应用 FW－H 方程与边界元法,对 SUBOFF 艇身的流噪声进行了数值计算。卢云涛等[48]应用四种湍流模型结合 FW－H 方程预报了 SUBOFF 全附体模型的流噪声,发现 RNG 的 $k-\varepsilon$ 模型预报 SUBOFF 的阻力与流噪声更为准确。许际波等[49]利用有限元结合边界元的方法求得了潜艇指挥台围壳低频的流激噪声,发现其辐射特性与指挥台围壳结构和流速有关。缪旭弘等[50]应用统计能量法对 SUBOFF 进行了流激噪声数值计算,通过试验验证了统计能量法在中高频段潜艇流激噪声预报方面的准确性。

近年来,学者们陆续开展了一系列基于流动控制的潜艇水动力噪声抑制的研究。刘志华等[51]的数值计算结果表明,消涡整流片能有效削弱艇身与指挥台围壳、艇身与尾翼结合处的马蹄涡。张楠等[52]对指挥台围壳前缘添加填角,对原型围壳及改型围壳的涡旋流场和声学特征进行了数值计算,结果表明直立型围壳加装填角可降低水动力噪声。

1.3.3 机械式涡流发生器研究概述

机械式涡流发生器是为解决飞机失速而提出的,机械式涡流发生器可产生足够强度的涡来抑制或延后边界层分离。20 世纪,美国 NREL 实验室发现机械式涡流发生器可有效延缓叶片边界层分离,提高风机效率[53]。荷兰 Delft 大学[54-55]的试验研究表明:安装机械式涡流发生器后,翼型的最大升力系数显著提高。Heyes 等[56]研究了机械式涡流发生器对飞机叶尖涡的控制效果,发现三角形的机械式涡流发生器具有最佳的改善叶尖涡的效果。Velte 等[57]应用 PIV 技术对安装有机械式涡流发生器的翼型进行流场三维粒子成像,观察了其抑制气流分离的过程。

倪亚琴[58]通过试验研究了机械式涡流发生器对边界层的影响,发现机械式涡流发生器显著减小了下游的边界层厚度。刘刚等[59]研究了机械式涡流发生器的几何尺度、剖面形状、安装方式对控制翼型表面边界层分离的效果。郝礼书等[60]研究了三角形机械式涡流发生器对翼型失速进行流动控制的效果,结果表明机械式涡流发生器可提高翼型升力和降低翼型失速的概率。

然而,对在水中应用机械式涡流发生器的研究相对较少。Pyungkuk 等[61]计算了三角形机械式涡流发生器安装在船舶与来流方向不同夹角、不同纵向、不同横向位置的流场,利用 CFD 计算技术,探讨了三角形机械式涡流发生器对低速船舶尾流场的影响。Bardera－Mora等[62]研究了航空母舰滑跃平台前端安装机械式涡流发生器对舰载机滑行性能的影响。Lu 等[63]利用机械式涡流发生器消除了船尾的流动分离现象,发现安装机械式涡流发生器消除了船尾螺旋桨处的连体空泡,但其并未研究机械式涡流发生器的降噪效果。

1.3.4 微型涡流发生器研究概述

机械式涡流发生器的尺寸大,会带来较大的附加阻力,学者们为此开展了对微型涡流发生器控制流动效果的研究。Atkinson[64]研究了原始进气道模型与含微型涡流发生器进气道模型的性能,发现微型涡流发生器能大大提高进气道的性能。Lee 等[65-66]比较了原始叶片与含微型涡流发生器叶片的流动特性,发现在叶片尾缘处微型涡流发生器产生了更强的涡流,减小了叶片表面分离区的长度。Tai[67]研究了在 V-22 飞机机翼不同位置安装不同偏角的微型涡流发生器改变飞机气动性能的效果。Lin 等[68]研究了在三段翼型后缘襟翼安装微型涡流发生器后升力、阻力、升阻比的变化,发现微型涡流发生器可大大提高翼型的气动性能。Babinsky 等[69]研究了不同尺寸微型涡流发生器的流动特性,探寻了微型涡流发生器的流动控制机理,发现微型涡流发生器可为下游边界层注入能量,控制下游的边界层分离。

褚胡冰等[70]研究了不同尺寸、安装位置、排列方式、安装角度的微型涡流发生器控制飞机附面层流动分离的效果。王博等[71-72]分析了微型涡流发生器控制边界层分离的机理,发现微型涡流发生器尾迹可分为反转漩涡与以大尺度微团为主导的两部分。薛大文等[73]数值模拟了微型涡流发生器的绕流流场,结果表明微型涡流发生器产生的流向涡与涡环结构可控制下游边界层。

综上所述,上述研究多为空气中涡流发生器控制流动,尚未发现应用涡流发生器降低噪声的研究。空气是轻介质,而水是重介质,故气动噪声和水动力噪声的产生机理是不同的,气动噪声多来自边界层分离,而水动力噪声中边界层分离只是一部分噪声产生的原因。同时,空气的边界层厚度大于水的边界层厚度,空气中的雷诺数小于水中的雷诺数。这些差异使得空气中涡流发生器流动控制的结果只能作为参考,其成果不能直接应用于降低水下航行器的水动力噪声研究中。

1.3.5 锯齿型前缘研究概述

在 1934 年,Graham[74]认为鸮类初级飞羽的前缘锯齿是其无声飞行能力的保证。Kroeger 等[75]分析了鸮类前缘锯齿特征用于降噪的可能性,认为前缘锯齿可推迟表面边界层分离的流向涡,以降低气动噪声。Soderman[76]试验测量了不同尺寸锯齿型前缘的二维翼型气动和声学特性,发现前缘锯齿产生小涡流,可减小大攻角下的翼型阻力。Schwind 等[77]研究了锯齿型前缘翼型的气流稳定性,风洞试验表明锯齿前缘可细化气泡减小峰值压力脉动。Hersh 等[78]试验分析了含锯齿前缘翼型的降噪效果,认为锯齿型前缘可干扰尾迹涡脱落的频率,以降低涡脱落噪声。Shinichiro 等[79]将锯齿前缘添加至翼型上,风洞试验结果表明在低雷诺数下,锯齿前缘可有效抑制吸力面上的流动分离,提升翼型的气动性能。Geyer 等[80]研究了翼型前缘锯齿控制前缘干扰噪声的能力,发现前缘锯齿可减小低频范围内翼型的噪声,但增大了高频范围内的噪声。Biedermann 等[81]研究了锯齿前缘翼型结构的气动声学特性,确定了雷诺数、湍流强度、锯齿振幅和波长等参数控制气动噪声的能力,以及施加锯齿前缘后可降低翼型噪声的能力。Lyu 等[82]设计了可预测在亚音速湍流中具有前缘锯齿机翼辐射噪声的模型,表明:锯齿前缘的降噪机理是干扰和破坏散射压力;在大多数辐射角度下,锯齿前缘可以降低机翼的总声压级。

梁桂强[83]在风机叶片边缘施加锯齿,发现风机的降噪量达到 3 dB。石磊[84]在某高速动车组受电弓上设计了锯齿前缘,发现在各个监测点上均取得了良好的降噪效果。

1.3.6　仿生翼型尾缘研究概述

猫头鹰翅膀的尾缘锯齿使其具有无声飞行的能力。Howe[85-86]发表了模仿猫头鹰锯齿尾缘翼型的降噪理论,给出了预测锯齿尾缘降噪的模型。Jones 等[87]数值模拟了施加锯齿尾缘的翼型,指出锯齿尾缘促进了尾迹马蹄涡的发展,可有效降低翼型的气动噪声。Chong 等[88]在风洞中试验测量设有内切式锯齿尾缘翼型的气动声学特性,发现只有锯齿顶角与高度足够大时,噪声才会降低。Avallone 等[89]利用 PIV 技术测量了施加尾缘锯齿翼型的流场特性,发现在两侧压差及边界层共同作用下锯齿尾缘会产生流向的对向涡,具有降噪效果。

陈坤等[90]借鉴猫头鹰、鸮类羽毛消音的机理,重构了轴流风机的叶片,分析了条纹参数和锯齿结构降低轴流风机叶片气动噪声的能力。许影博等[91]研究了锯齿尾缘降低翼型远场气动噪声及表面压力的能力,发现锯齿尾缘降低翼型中低频远场气动噪声效果明显,但对翼型的气动性能无影响。刘小民等[92]数值计算了标准叶片及含条纹流道和锯齿尾缘叶片的噪声,发现仿生叶片可降低总声压 9.8 dB,指出尾缘锯齿结构改变了各截面尾迹涡脱落的位置,降低了叶片的气动噪声。黄乾[93]深入分析了锯齿尾缘控制翼型流动的能力,指出内切锯齿可改变尾缘压力面附近的流动结构,进而降低其气动噪声。

综上所述,近年来学者们开展了大量研究锯齿结构控制流动与噪声机理的工作,但对结构优化设计相对较少,且上述研究介质多为空气,尚未采用仿生翼型尾缘控制指挥台围壳的流场与水动力噪声。由于水和空气的物理特性存在巨大差异,空气中的研究成果只能作为参考,不能直接应用于水下目标。

1.4　本书研究内容

1.4.1　孔腔流场与水动力噪声的控制技术研究

(1)对水下航行器的三维孔腔外形进行抽象化,选取矩形开口的水下三维孔腔为研究对象,利用 3D 建模软件建立水下三维孔腔模型,并建立相应的流场与声场模型;利用 CFD 软件 Fluent 求解瞬态与稳态流场,利用声学软件 Actran 将流场网格以及流场不同时刻的瞬态数据映射入声场网格,利用傅里叶变换构造出结构表面的分布声源,并利用声传播区与无限远边界条件计算流激噪声。

(2)对采取流动控制措施后的水下三维孔腔的流场与声场进行计算,得到流动控制技术抑制孔腔水动力噪声的效果。流动控制技术为:①孔腔前沿布置陷窝,包括陷窝直径、宽深比引起的降噪效果;②孔腔后沿设置倒角,后沿随边倒角的角度、线型引起的降噪效果;③孔腔后沿设置导流板,导流板角度以及相向、相对布置方式引起的降噪效果。

(3)根据仿真模型以及流动控制技术抑制的水下三维孔腔水动力噪声的效果,制作试验用模型——原始模型以及使用流动控制技术的模型。利用重力式低噪声水洞及其混响箱测量流动控制技术降低水下三维孔腔水动力噪声的效果。

1.4.2　围壳流场与水动力噪声的控制技术(涡流发生器)研究

(1)建立缩比1:48 的 SUBOFF 潜艇的部分模型,即指挥台围壳与部分艇身模型,完成流场计算域与声场计算域的建立,利用 Fluent 对该模型进行流场计算;将该流场数据导入 ACTRAN,把模型表面的时域湍流脉动压力转变为表面的频域激励力,采用有限元与无限元相结合的方法,进行模型声学特性的计算,得到流激噪声的结果。

(2)采用两种不同类型涡流发生器,即机械式涡流发生器和微型涡流发生器。其中,机械式涡流发生器用于抑制指挥台围壳与艇身结合处产生的马蹄涡;微型涡流发生器用于抑制指挥台围壳表面的流动分离;分别建立缩比的潜艇部分模型施加不同类型的机械式涡流发生器的模型,以及建立缩比的潜艇部分模型施加不同类型的微型涡流发生器的模型,并进行流场与声场计算。

(3)对比不同类型机械式涡流发生器和微型涡流发生器降低水动力噪声的效果,确定具有最佳降噪效果的机械式涡流发生器与微型涡流发生器的特征参数;利用重力式低噪声水洞,开展原模型与添加机械式涡流发生器模型的水动力噪声测量试验,评价涡流发生器降低水动力噪声的效果。

1.4.3　围壳流场与水动力噪声的控制技术(锯齿)研究

(1)建立缩比1:48 的 SUBOFF 潜艇的部分模型,即指挥台围壳与部分艇身模型,完成流场计算域与声场计算域的建立,利用 Fluent 对该模型进行流场计算;将该流场数据导入 ACTRAN,把模型表面的时域湍流脉动压力转变为表面的频域激励力,采用有限元与无限元相结合的方法,进行模型声学特性的计算,得到流激噪声的结果。

(2)采用两种技术降低缩比的潜艇部分模型的水动力噪声:在指挥台围壳前缘施加锯齿结构和在指挥台围壳尾缘设置仿生翼型尾缘;在指挥台围壳模型上重构锯齿前缘结构,建立含锯齿前缘指挥台围壳模型,分析锯齿前缘控制不稳定流动与降低流激噪声的机理;分析不同锯齿振幅、不同波长控制流动与噪声的效果,获取降噪效果最佳的锯齿前缘参数;在指挥台围壳模型上重构仿生翼型尾缘,建立含仿生翼型尾缘的指挥台围壳模型,分析仿生翼型尾缘控制不稳定流动和降低流激噪声机理,研究不同振幅、不同波长锯齿控制流动与噪声的效果,得到降噪效果最佳的仿生翼型尾缘参数。

(3)在重力式低噪声水洞,分别对原模型和施加锯齿型前缘的模型进行试验测量,评价锯齿前缘降低模型水动力噪声的效果。

第2章 水动力噪声数值计算基本理论

2.1 流体力学控制方程[94]

流体力学控制方程是最基本的理论,其是质量守恒定律、牛顿第二定律与能量守恒定律的数学描述,由于流场计算不涉及能量交换,这里仅对连续性方程与动量方程进行推导。

2.1.1 连续性方程

笛卡儿坐标系下的空间固定无限小体积元模型如图 2-1 所示。无限小体积元的速度和密度分别为空间坐标(x,y,z)和时间t的函数,在(x,y,z)固定的无限小体积元的边长分别为 dx、dy 和 dz。

以x轴方向为例,无限小体积元内的流体质量净流入量等于其中流体质量的变化量,流入的流体质量为

$$\left(\rho - \frac{\partial \rho}{\partial x}\frac{dx}{2}\right)\left(v_x - \frac{\partial v_x}{\partial x}\frac{dx}{2}\right)dydz \qquad (2-1)$$

流出的流体质量为

$$\left(\rho + \frac{\partial \rho}{\partial x}\frac{dx}{2}\right)\left(v_x + \frac{\partial v_x}{\partial x}\frac{dx}{2}\right)dydz \qquad (2-2)$$

式(2-2)减式(2-1),得到x方向净流出的流体质量为$\frac{\partial}{\partial x}(\rho v_x)dxdydz$,同理,可得到$y$方向净流出的流体质量为$\frac{\partial}{\partial y}(\rho v_y)dxdydz$,$z$方向净流出的流体质量为$\frac{\partial}{\partial z}(\rho v_z)dxdydz$。

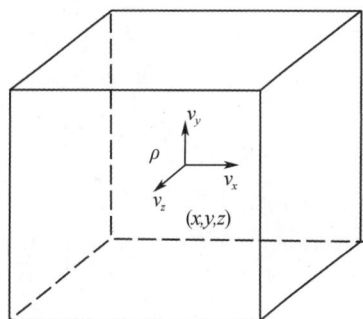

图 2-1 笛卡儿坐标系下的空间固定无限小体积元模型

无限小体积元内密度变化引起的每秒的流体质量的变化量为

$$\frac{\partial}{\partial t}\iiint_{CV}\rho dV = \frac{\partial \rho}{\partial t}dxdydz \qquad (2-3)$$

式中,V为体积;CV为整个体积。

有

$$\frac{\partial}{\partial x}(\rho v_x)dxdydz + \frac{\partial}{\partial y}(\rho v_y)dxdydz + \frac{\partial}{\partial z}(\rho v_z)dxdydz = -\frac{\partial \rho}{\partial t}dxdydz \qquad (2-4)$$

将式(2-4)简化,可得到连续性方程,即

$$\frac{\partial \rho}{\partial t} + \frac{\partial}{\partial x_k}(\rho u_k) = 0 \qquad (2-5)$$

2.1.2 动量方程

在流动模型中应用牛顿第二定律,得到的方程即为动量方程,图 2-2 所示为仅考虑 x 轴方向分量的牛顿第二定律的无限小运动流体元。

$$F_x = ma_x \qquad (2-6)$$

式中,F_x 为在 x 轴方向运动流体元受到的作用力,包括体积力与表面力;m 为无限小体积元的质量;a_x 为加速度。

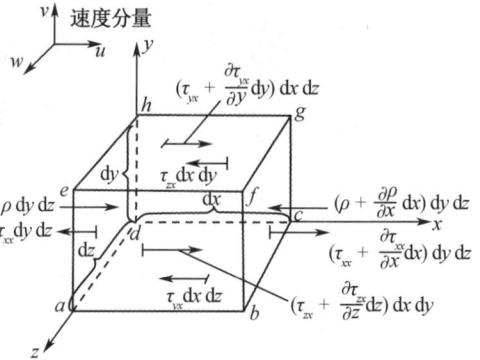

图 2-2 x 方向作用力的无穷小运动流体元

体积力在 x 轴方向的分量为 $\rho f_x(\mathrm{d}x\mathrm{d}y\mathrm{d}z)$,表面力在 x 轴方向分力为

$$\left[\rho - \left(\rho + \frac{\partial \rho}{\partial x}\mathrm{d}x\right)\right]\mathrm{d}y\mathrm{d}z + \left[\left(\tau_{xx} + \frac{\partial \tau_{xx}}{\partial x}\mathrm{d}x\right) - \tau_{xx}\right]\mathrm{d}y\mathrm{d}z +$$

$$\left[\left(\tau_{yx} + \frac{\partial \tau_{yx}}{\partial y}\mathrm{d}y\right) - \tau_{yx}\right]\mathrm{d}x\mathrm{d}z + \left[\left(\tau_{zx} + \frac{\partial \tau_{zx}}{\partial z}\mathrm{d}z\right) - \tau_{zx}\right]\mathrm{d}x\mathrm{d}y \qquad (2-7)$$

在 x 轴方向运动流体元受到的作用力为

$$F_x = \left[-\frac{\partial \rho}{\partial x} + \frac{\partial \tau_{xx}}{\partial x} + \frac{\partial \tau_{yx}}{\partial y} + \frac{\partial \tau_{zx}}{\partial z}\right]\mathrm{d}x\mathrm{d}y\mathrm{d}z + \rho f_x \mathrm{d}x\mathrm{d}y\mathrm{d}z \qquad (2-8)$$

由牛顿第二定律,在 x 轴方向运动流体元的动量方程为

$$\rho \frac{Du}{Dt} = -\frac{\partial \rho}{\partial x} + \frac{\partial \tau_{xx}}{\partial x} + \frac{\partial \tau_{yx}}{\partial y} + \frac{\partial \tau_{zx}}{\partial z} + \rho f_x \qquad (2-9)$$

运动流体元的动量方程为

$$\begin{cases} \rho \dfrac{Du}{Dt} = -\dfrac{\partial \rho}{\partial x} + \dfrac{\partial \tau_{xx}}{\partial x} + \dfrac{\partial \tau_{yx}}{\partial y} + \dfrac{\partial \tau_{zx}}{\partial z} + \rho f_x \\[2mm] \rho \dfrac{Dv}{Dt} = -\dfrac{\partial \rho}{\partial y} + \dfrac{\partial \tau_{xy}}{\partial x} + \dfrac{\partial \tau_{yy}}{\partial y} + \dfrac{\partial \tau_{zy}}{\partial z} + \rho f_y \\[2mm] \rho \dfrac{Dw}{Dt} = -\dfrac{\partial \rho}{\partial z} + \dfrac{\partial \tau_{xz}}{\partial x} + \dfrac{\partial \tau_{yz}}{\partial y} + \dfrac{\partial \tau_{zz}}{\partial z} + \rho f_z \end{cases} \qquad (2-10)$$

式(2-10)即为非守恒形式的 N-S 方程。

2.2 流场数值计算方法

湍流非直接数值模拟方法包括大涡模拟(large eddy simulation, LES)方法、雷诺(Reynolds)平均法、统计平均法。LES 方法是大尺度涡直接求解瞬时 N-S 方程,小尺度涡进行近似;Reynolds 平均法是通过某种模型的时均化的方程,将瞬时的湍流脉动量体现出来,求解时均化的 Reynolds 方程,而不直接求解瞬时的 N-S 方程,简称 RANS。图 2-3 为湍流数值模拟方法分类图。

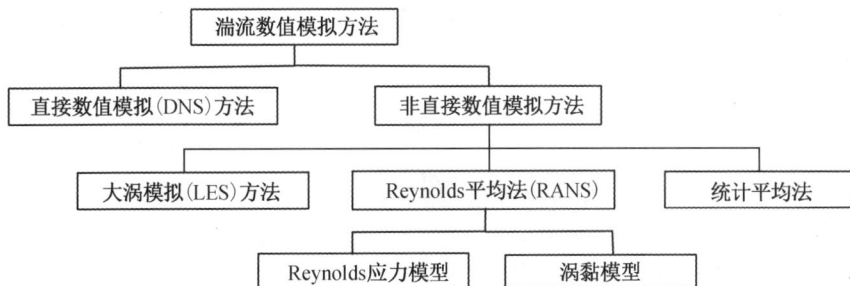

图 2-3 湍流数值模拟方法分类图

2.2.1 有限体积法

目前,CFD(computational fluid dynamics,计算流体动力学)计算应用最广的离散方法是有限体积法,它是通过将流场计算域划分的网格点周围设置为互不重复的控制体积,采用体积法对控制体求解偏微分方程,得到离散方程组,进而求解未知变量。这是一种子域法与离散法相结合的方法。

若在控制体积 ΔV 内,对流体力学控制方程进行积分:

$$\int_{\Delta V} \frac{\partial(\rho\varphi)}{\partial t} dV + \int_{\Delta V} \mathrm{div}(\rho u\varphi) dV = \int_{AV} \mathrm{div}(\Gamma \cdot \mathrm{grad}\varphi) dV + \int_{AV} S dV \qquad (2-11)$$

根据散度定理,将上式中的体积分转换为面积分:

$$\frac{\partial}{\partial t}\Big(\int_{\Delta V} \rho\varphi dV\Big) + \int_A \boldsymbol{n} \cdot (\rho u\varphi) dA = \int_A \boldsymbol{n} \cdot (\Gamma \cdot \mathrm{grad}\varphi) dA + \int_{\Delta V} S dV \qquad (2-12)$$

其中,$\boldsymbol{n}$ 为表面外法向的单位矢量。因为稳态问题的时间相关项为零,所以式(2-12)可改写为

$$\int_A \boldsymbol{n} \cdot (\rho u\varphi) dA = \int_A \boldsymbol{n} \cdot (\Gamma \cdot \mathrm{grad}\varphi) dA + \int_{\Delta V} S dV \qquad (2-13)$$

若是瞬态问题,则在间隔 Δt 内进行积分:

$$\int_{\Delta t} \frac{\partial}{\partial t}\Big(\int_{\Delta V} \rho\varphi dV\Big) + \iint_{\Delta t A} \boldsymbol{n} \cdot (\rho u\varphi) dA = \iint_{\Delta t A} \boldsymbol{n} \cdot (\Gamma \cdot \mathrm{grad}\varphi) dA + \iint_{\Delta t \Delta V} S dV \qquad (2-14)$$

2.2.2 RNG$k-\varepsilon$ 湍流模型

将式(2-5)与式(2-10)进行时均化,引入指标符号[95],得到张量形式表示的时均连续方程与 Reynolds 方程:

$$\frac{\partial\rho}{\partial t} + \frac{\partial}{\partial x_i}(\rho u_i) = 0 \qquad (2-15)$$

$$\frac{\partial}{\partial t}(\rho u_i) + \frac{\partial}{\partial x_j}(\rho u_i u_j) = -\frac{\partial p}{\partial x_i} + \frac{\partial}{\partial x_j}\Big(\mu \frac{\partial u_i}{\partial x_j} - \rho \overline{u'_i u'_j}\Big) + S_i \qquad (2-16)$$

对式(2-15)与式(2-16),引入湍动能 k 和湍动耗散率 ε,便得到 $k-\varepsilon$ 模型。湍动黏度 μ_t 可表示为 k 和 ε 的函数,即

$$k = \frac{\overline{u'_i u'_j}}{2} \tag{2-17}$$

$$\varepsilon = \frac{\mu}{\rho} \overline{\left(\frac{\partial u'_i}{\partial x_k}\right)\left(\frac{\partial u'_j}{\partial x_k}\right)} \tag{2-18}$$

$$u_t = \rho C_\mu \frac{k^2}{\varepsilon} \tag{2-19}$$

式(2-19)中，C_μ 为经验常数，RNG$k-\varepsilon$ 模型能得到较好的湍流预报精度与较为精确的潜艇阻力值，故使用 RNG$k-\varepsilon$ 模型进行模型的流场数值计算。在此模型中，k 和 ε 的输运方程为

$$\frac{\partial(\rho k)}{\partial t} + \frac{\partial(\rho k u_i)}{\partial x_i} = \frac{\partial}{\partial x_j}\left[\alpha_k \mu_{eff} \frac{\partial k}{\partial x_j}\right] + G_k + G_b - \rho\varepsilon - Y_M \tag{2-20}$$

$$\frac{\partial(\rho\varepsilon)}{\partial t} + \frac{\partial(\rho\varepsilon u_i)}{\partial x_i} = \frac{\partial}{\partial x_j}\left[\alpha_\varepsilon \mu_{eff} \frac{\partial\varepsilon}{\partial x_j}\right] + \frac{C_{1\varepsilon}\varepsilon}{k}G_k - C_{2\varepsilon}\rho\frac{\varepsilon^2}{k} \tag{2-21}$$

其中，

$$\mu_{eff} = \mu + \mu_t, C_\mu = 0.0845, \alpha_k = \alpha_\varepsilon = 1.39$$
$$C_{1\varepsilon}^* = C_{1\varepsilon} - \frac{\eta(1-\eta/\eta_0)}{1+\beta\eta^3}, C_{1\varepsilon} = 1.42, C_{2\varepsilon} = 1.68 \tag{2-22}$$
$$\eta = (2E_{ij}\cdot E_{ij})^{1/2}\frac{k}{\varepsilon}, E_{ij} = \frac{1}{2}\left(\frac{\partial u_i}{\partial x_j} + \frac{\partial u_j}{\partial x_j}\right), \eta_0 = 4.377, \beta = 0.012$$

2.2.3 大涡模拟(LES)方法

湍流中大尺度涡结构互不相同，这与所求问题密切相关；小尺度涡趋于各向同性，其运动具有共性，不像大尺度涡那样与所求解问题密切相关。LES 方法对大尺度涡直接求解瞬时 N-S 方程，通过模型近似小尺度涡，因此，大涡模拟方法的第一步就是过滤小尺度涡。

对于水下三维复杂流动，在物理空间中过滤湍流脉动，假设在尺度 l 上的滤波函数为 $G_l(x)$，则湍流脉动 $f(x)$ 的过滤为

$$\tilde{f}(x) = \int G_l(x-y)f(y)\mathrm{d}y \tag{2-23}$$

为保证过滤体内的物理量守恒，滤波器要满足正则条件：

$$\int_\Omega G(\eta)\mathrm{d}\eta = 1 \tag{2-24}$$

若采用各向同性盒式滤波器，则过滤函数为

$$G_l(\eta) = \frac{1}{l}\theta\left(\frac{l}{2} - |\eta|\right) \tag{2-25}$$

得到新的 N-S 方程：

$$\frac{\partial\bar{u}_i}{\partial t} + \frac{\partial\bar{u}_i\bar{u}_j}{\partial x_j} = -\frac{1}{\rho}\frac{\partial\bar{p}}{\partial x_i} + \nu\frac{\partial^2\bar{u}_i}{\partial x_j\partial x_i} \tag{2-26}$$

$$\frac{\partial\bar{u}_i}{\partial x_i} = 0 \tag{2-27}$$

将 $\bar{u}_i\bar{u}_j = \bar{u}_i\bar{u}_j + (\bar{u}_i\bar{u}_j - \bar{u}_i\bar{u}_j)$，$-(\bar{u}_i\bar{u}_j - \bar{u}_i\bar{u}_j)$ 称为亚网格应力，则式(2-27)可写作

$$\frac{\partial \bar{u}_i}{\partial t} + \frac{\partial \bar{u}_i \bar{u}_j}{\partial x_j} = -\frac{1}{\rho}\frac{\partial \tilde{p}}{\partial x_i} + \nu\frac{\partial^2 \bar{u}_i}{\partial x_j \partial x_i} - \frac{\partial(\overline{u_i u_j} - \bar{u}_i \bar{u}_j)}{\partial x_j} \qquad (2-28)$$

令 $\bar{\tau}_{ij} = (\overline{u_i u_j} - \bar{u}_i \bar{u}_j)$ 为亚网格应力,表示通过滤波函数之后的小尺度脉动与大尺度湍流间的动量输运。Dynamic 亚格子模型为

$$\tau_{ij} - \frac{1}{3}\tau_{kk}\delta_{ij} = -2\mu_t \bar{S}_{ij} \qquad (2-29)$$

式中,$\mu_t = (C_S \Delta)^2 |\bar{S}|$ 为亚格子涡黏系数。$|\bar{S}| = \sqrt{2S_{ij}S_{ij}}$,$\bar{S}_{ij} = \frac{1}{2}\left(\frac{\partial \bar{u}_i}{\partial x_j} + \frac{\partial \bar{u}_j}{\partial x_i}\right)$,$\Delta = (\Delta_x \Delta_y \Delta_z)^{\frac{1}{3}}$,$\Delta$ 为过滤尺度,$C_S \Delta$ 为混合长度,C_S 由式(2-30)得到,式(2-31)与式(2-32)中的上标"～"表示多次过滤流场的结果。

$$C_S^2 = \frac{1}{2\Delta^2}\frac{\langle L_{ij}M_{ij}\rangle}{\langle M_{ij}M_{ij}\rangle} \qquad (2-30)$$

$$L_{ij} = \overline{\tilde{u}_i \tilde{u}_j} - \tilde{\bar{u}}_i \tilde{\bar{u}}_j \qquad (2-31)$$

$$M_{ij} = 2\Delta^2(\alpha^2 - 1)|\tilde{\bar{S}}|\tilde{\bar{S}}_{ij} \qquad (2-32)$$

2.3　水动力噪声数值计算方法[96]

水动力噪声分为流噪声与流激噪声,流噪声较小,与流激噪声相比可以忽略[97],因此,一般只考察流激噪声。首先,提取流场计算后的声源,通过 FW-H 方程,将数值计算的流场信息转换为声场声源,通过有限元与无限元相结合的方法求解流激噪声。

2.3.1　Lighthill 声类比理论

假设声源集中在含有有限湍流运动区 V 的无限大介质中。在区域 V 外,满足声场波动方程:

$$\nabla^2 p - \frac{1}{c_0^2}\frac{\partial^2 p}{\partial t^2} = 0 \qquad (2-33)$$

式中,c_0 为声速,$p = P - P_0$ 为声压,P 是受扰动的瞬时压力,P_0 是静压力,声压与密度的关系为

$$p = c_0^2(\rho - \rho_0) = c_0^2 \rho' \qquad (2-34)$$

式中,ρ 与 ρ' 分别是扰动和未扰动时的密度。

在区域 V 内的介质受到扰动,其运动仍制约于质量和动量方程,假设压力为 $P(\bar{x},t)$,密度为 $\rho(\bar{x},t)$,质点运动速度为 $\bar{U}(\bar{x},t)$,在可压黏滞流体中有

$$\frac{\partial \rho}{\partial t} + \frac{\partial(\rho U_i)}{\partial x_i} = Q(\bar{x},t) \qquad (2-35)$$

$$\frac{\partial(\rho U_i)}{\partial t} + \frac{\partial(\rho U_i U_j)}{\partial x_j} = -\frac{\partial p}{\partial x_i} + \frac{\partial \tau_{ij}}{\partial x_j} + F_i(\bar{x},t) \qquad (2-36)$$

式中,U_i 为质点运动速度 U 在 $x_i(i=1,2,3)$ 的分量,$Q(\bar{x},t)$ 为单位时间注入单位体积流体中的质量,$F(\bar{x},t)$ 为单位时间注入单位体积流体中的动量,τ_{ij} 为黏滞应力张量的分量。

式(2-35)与式(2-36)采用了张量分析的惯例,如式(2-35)中:

$$\frac{\partial(\rho U_i)}{\partial x_i} = \frac{\partial(\rho U_1)}{\partial x_1} + \frac{\partial(\rho U_2)}{\partial x_2} + \frac{\partial(\rho U_3)}{\partial x_3} = \nabla(\rho U) \qquad (2-37)$$

式(2-36)中:

$$\frac{\partial(\rho U_i U_j)}{\partial x_j} = \frac{\partial(\rho U_i U_1)}{\partial x_1} + \frac{\partial(\rho U_i U_2)}{\partial x_2} + \frac{\partial(\rho U_i U_3)}{\partial x_3} \qquad (2-38)$$

若式(2-35)对 t 微分,式(2-36)对 x_i 微分,消去 $\partial^2(\rho U_i)/\partial x_i \partial t$ 项,则

$$\nabla^2 p - \frac{\partial^2 p}{\partial t^2} = -\frac{\partial Q}{\partial t} + \nabla \cdot \overline{F} - \frac{\partial^2}{\partial x_i \partial x_j}(\rho U_i U_j - \tau_{ij}) \qquad (2-39)$$

若方程两边加上 $c_0^2 \nabla^2 \rho$,则

$$c_0^2 \nabla^2 \rho - \frac{\partial^2 \rho}{\partial t^2} = -\frac{\partial Q}{\partial t} + \nabla \cdot \overline{F} - \frac{\partial^2 T'_{ij}}{\partial x_i \partial x_j} \qquad (2-40)$$

这是瞬时值的方程,做线性化近似:

$$c_0^2 \nabla^2 \rho' - \frac{\partial^2 \rho'}{\partial t^2} = -\frac{\partial Q}{\partial t} + \nabla \cdot \overline{F} - \frac{\partial^2 T'_{ij}}{\partial x_i \partial x_j} \qquad (2-41)$$

其中,

$$T_{ij} = \rho U_i U_j + \delta_{ij}(p - c_0^2 \rho') - \tau_{ij} \qquad (2-42)$$

$$T_{ij}\rho U_i U_j \tau_{ij} \frac{\rho_a}{\rho} \ll 1, \frac{P_a}{\rho} \ll 1$$

$$T_{ij} \approx \rho_0 U_i U_j \qquad (2-43)$$

因此,Lighthill 方程可表示为

$$\nabla^2 p - \frac{1}{c_0^2}\frac{\partial^2 p}{\partial t^2} = -\frac{1}{c_0^2}\gamma(\bar{x}, t) \qquad (2-44)$$

$$\gamma(\bar{x}, t) = \frac{\partial Q}{\partial t} - \nabla \cdot \overline{F} + \frac{\partial^2(\rho_0 U_i U_j)}{\partial x_i \partial x_j}$$

2.3.2 Curle 方程

Lighthill 方程可计算自由空间中的湍流噪声,但是水下航行器由于大大改变了湍流区的辐射声场,湍流等效的四极子源的声波将在水下航行器的壁面反射,并且湍流与水下航行器相互作用,在水下航行器表面形成力源,具有偶极子特性,是更强的声源,此时 Lighthill 方程不再适用。

假设湍流区存在刚性表面 S,在 S 外部,满足 Lighthill 方程,即满足式(2-41),当存在 S 时,式(2-41)的一般解为

$$\rho' = \frac{1}{4\pi c_0^2}\iint_V \Big[\frac{\partial^2 T_{ij}}{\partial x_i \partial x_j}\Big]\frac{\mathrm{d}y}{r} + \frac{1}{4\pi}\iint_S \Big\{\int_S \frac{n_i}{r^2}\Big[\frac{\partial \rho}{\partial y_i}\Big] + \frac{n_i}{r^2}\frac{\partial r}{\partial y_i}[\rho] + \frac{n_i}{c_0 r}\frac{\partial r}{\partial y_i}\Big[\frac{\partial \rho}{\partial t}\Big]\Big\} \qquad (2-45)$$

式中,$\boldsymbol{n} = \{n_1, n_2, n_3\}$ 为表面 S 的内法向量,表面 S 的存在体现在式(2-45)中的体积分与面积分项,应用格林定理,保留面积分,则

$$\iint_V \Big[\frac{\partial^2 T_{ij}}{\partial x_i \partial y_j} \cdot \frac{1}{r}\Big]\mathrm{d}y = \int_S \frac{n_i}{r}\Big[\frac{\partial T_{ij}}{\partial y_j}\Big]\mathrm{d}S(y) + \frac{\partial}{\partial x_i}\iint_V \Big[\frac{1}{r}\frac{\partial T_{ij}}{\partial y_j}\Big]\mathrm{d}y \qquad (2-46)$$

同理,可以得到

$$\iint_V \left[\frac{1}{r} \frac{\partial T_{ij}}{\partial y} \right] \mathrm{d}y = \int_S \frac{n_i}{r} [T_{ij}] \mathrm{d}S(y) + \frac{\partial}{\partial x_j} \iint_V \left[\frac{1}{r} T_{ij} \right] \mathrm{d}y \qquad (2-47)$$

综合式(2-46)与式(2-47)可得

$$\iint_V \left[\frac{\partial^2 T_{ij}}{\partial y_i \partial y_j} \cdot \frac{1}{r} \right] \mathrm{d}y = \frac{\partial^2}{\partial x_i \partial x_j} \int_V \frac{1}{r} [T_{ij}] \mathrm{d}y + \frac{\partial}{\partial x_i} \int_S \frac{n_i}{r} [T_{ij}] \mathrm{d}S(y) + \int_S \frac{n_i}{r} \left[\frac{\partial T_{ij}}{\partial y_i} \right] \mathrm{d}S(y)$$

$$(2-48)$$

变换式(2-45)中的面积分,则

$$\int_S \left\{ \frac{n_i}{r} \left[\frac{\partial \rho}{\partial y_i} \right] + \frac{n_i}{r^2} \frac{\partial r}{\partial y_i} [\rho] + \frac{n_i}{c_0 r} \frac{\partial r}{\partial y_i} \left[\frac{\partial \rho}{\partial t} \right] \right\} \mathrm{d}S(y)$$

$$= \int_S \frac{n_i}{r} \left[\frac{\partial}{\partial y_i} (\rho \delta_{ij}) \right] \mathrm{d}S(y) - \int_S n_i \left\{ \frac{1}{r^2} \frac{\partial r}{\partial x_i} [\rho] + \frac{1}{c_0 r} \frac{\partial r}{\partial x_i} \left[\frac{\partial \rho}{\partial t} \right] \right\} \mathrm{d}S(y) \qquad (2-49)$$

$$= \int_S \frac{n_i}{r} \left[\frac{\partial}{\partial y_i} (\rho \delta_{ij}) \right] \mathrm{d}S(y) + \int_S n_j \frac{\partial}{\partial x_i} \left[\frac{1}{r} \rho \delta_{ij} \right] \mathrm{d}S(y)$$

若表面 S 不存在,则式(2-45)为

$$\rho' = \frac{1}{4\pi c_0^2} \frac{\partial^2}{\partial x_i \partial x_j} \int_V \frac{T_{ij}(y, t-r/c)}{r} \mathrm{d}y \qquad (2-50)$$

将式(2-48)与式(2-49)代入式(2-50),有

$$\rho' = \frac{1}{4\pi c_0^2} \frac{\partial^2}{\partial x_i \partial x_j} \int_V \frac{[T_{ij}]}{r} \mathrm{d}y + \frac{1}{4\pi c_0^2} \int_S \frac{n_i}{r} \left[\frac{\partial}{\partial y_i} (T_{ij} + c_0^2 \rho \delta_{ij}) \right] \mathrm{d}S(y)$$

$$+ \frac{1}{4\pi c_0^2} \frac{\partial}{\partial x_i} \int_S \frac{n_j}{r} [T_{ij} + c_0^2 \rho \delta_{ij}] \mathrm{d}S(y)$$

$$= \frac{1}{4\pi c_0^2} \frac{\partial^2}{\partial x_i \partial x_j} \int_V \frac{[T_{ij}]}{r} \mathrm{d}y + \frac{1}{4\pi c_0^2} \int_S \frac{n_i}{r} \left[\frac{\partial}{\partial y_i} (\rho U_i U_j + p_{ij}) \right] \mathrm{d}S(y)$$

$$+ \frac{1}{4\pi c_0^2} \frac{\partial}{\partial x_i} \int_S \frac{n_j}{r} (\rho U_i U_j + p_{ij}) \mathrm{d}S(y) \qquad (2-51)$$

由 N-S 方程,得

$$n_i \frac{\partial}{\partial y_j} (\rho U_i U_j + p_{ij}) = -n_i \frac{\partial}{\partial t} (\rho u_i) \qquad (2-52)$$

表面 S 为刚性,法向振速为零,令 $F_i = n_i p_{ij}$,得到 Curle 方程:

$$\rho' = \frac{1}{4\pi c_0^2} \frac{\partial^2}{\partial x_i \partial x_j} \int_V \frac{T_{ij}(y, t-r/c_0)}{r} \mathrm{d}y + \frac{1}{4\pi c_0^2} \frac{\partial}{\partial x_i} \int_S \frac{F(y, t-r/c_0)}{r} \mathrm{d}S(y) \quad (2-53)$$

式(2-53)表示单位面积强度为 F_i 的面分布偶极子源的声场,在远场区域:

$$p = c_0^2 \rho' \approx -\frac{x_i}{4\pi c_0 x^2} \int_S \frac{\partial F_i(y, t-r/c)}{\partial t} \mathrm{d}S(y) \qquad (2-54)$$

得到自相关函数:

$$\Gamma(x, \tau) = \frac{x_i x_j}{16\pi^2 c_0^3} \iint_{s \, s} \left\langle \frac{\partial F_i(y', t-\xi/c_0)}{\partial t} \cdot \frac{\partial F_i(y'', t-\xi''/c_0)}{\partial t} \right\rangle \mathrm{d}S(y') \mathrm{d}S(y'')$$

$$(2-55)$$

设 $F_i(y, t)$ 为平稳随机过程,则

$$\left\langle \frac{\partial F_i(y',t)}{\partial t} \frac{\partial F(y'',t+\tau)}{\partial t} \right\rangle = -\frac{\partial^2}{\partial \tau^2} \langle F_i(y',t) F_i(y'',t+\tau) \rangle \qquad (2-56)$$

于是,

$$\Gamma(x,\tau) = \frac{-x_i x_j}{16\pi^2 c_0^3 \rho_0 x^4} \frac{\partial^2}{\partial \tau^2} \iint_{S\,S} \langle F_i(y',t) F_i(y'',\tau_0) \rangle \mathrm{d}S(y') \mathrm{d}S(y'') \qquad (2-57)$$

其中,

$$\tau_0 = t + \tau - \frac{\xi'' - \xi'}{c_0} \approx t + \tau + \frac{x(y'' - y')}{xc_0} \qquad (2-58)$$

设 S 面上的作用力各向均匀,令

$$\gamma_{ij}(\mid y'' - y \mid, \tau) = \langle F_i(y,t) F_j(y'',t+\tau) \rangle \qquad (2-59)$$

最后得到

$$\Gamma(x,\tau) = \frac{x_i x_j}{16\pi^2 c_0^3 \rho_0 x^4} \frac{\partial^2}{\partial \tau^2} \iint_{S\,S} \gamma_{ij}\left(\mid y'' - y' \mid, \tau + \frac{x(y'' - y')}{xc_0}\right) \mathrm{d}S(y') \mathrm{d}S(y'') \quad (2-60)$$

2.3.3　FW – H 方程

Curle 方程是湍流在存在刚性表面 S 时的声辐射,但实际中表面会存在变形,假设 S 为不可穿透表面,将空间分为 V_1 与 V_2,合起来构成 α、0°和10°的无限均匀声介质,外部空间 V_2 遵守流体力学控制方程,V_1 保持未受到扰动状态,密度及流体力学量在 S 表面间断。

设 $G(x)$ 是在区间 $[a,b]$ 上的广义函数,在 $x = c$ 间断:

$$\Delta G = \{G\}_{x=c^+} = \{G\}_{x=c^-} \qquad (2-61)$$

其在 $[a,c)$,$(c,b]$ 上分段连续可导,引入新函数:

$$W(x) = G(x) - \Delta G \cdot h(x-c) \qquad (2-62)$$

其中,$h(z)$ 是 Heaviside 函数。

$$h(z) = \begin{cases} 1, z > 0 \\ 0, z < 0 \end{cases} \qquad (2-63)$$

利用 $h'(x) = \delta(x)$,有

$$\frac{\partial W}{\partial x} = \frac{\partial G}{\partial x} = \frac{\vec{\partial} G}{\partial x} - \Delta G \cdot \delta(x-c) \qquad (2-64)$$

设函数 $Q(y)$ 穿过表面 $f(y) = 0$ 时有间断值 ΔQ,引入坐标变量 $\eta = (f,g,h)$ 替换 $y = (y_1, y_2, y_3)$,以计算 $\partial Q/\partial y$。

根据式(2-64)得到

$$\frac{\vec{\partial} Q}{\partial f} = \frac{\partial Q}{\partial f} + \Delta Q \cdot \delta(f), \frac{\vec{\partial} Q}{\partial g} = \frac{\partial Q}{\partial g}, \frac{\vec{\partial} Q}{\partial h} = \frac{\partial Q}{\partial h} \qquad (2-65)$$

得到以下求导规则:

$$\begin{aligned} \frac{\bar{\partial} Q}{\partial y_i} &= \frac{\bar{\partial} Q}{\partial f} \frac{\partial f}{\partial y_i} + \frac{\bar{\partial} Q}{\partial g} \frac{\partial g}{\partial y_i} + \frac{\bar{\partial} Q}{\partial h} \frac{\partial h}{\partial y_i} \\ &= \frac{\partial Q}{\partial f} \frac{\partial f}{\partial y_i} + \frac{\partial Q}{\partial g} \frac{\partial g}{\partial y_i} + \frac{\partial Q}{\partial h} \frac{\partial h}{\partial y_i} + \Delta Q \frac{\partial f}{\partial y_i} \delta(f) \\ &= \frac{\partial Q}{\partial y_i} + \Delta Q \frac{\partial f}{\partial y_i} \delta(f) \end{aligned} \qquad (2-66)$$

$$\frac{\bar{\partial}Q}{\partial t} = \frac{\partial Q}{\partial t} + \Delta Q \frac{\partial f}{\partial t}\delta(f) \qquad (2-67)$$

考虑连续性方程

$$\frac{\bar{\partial}\rho'}{\partial t} + \frac{\bar{\partial}}{\partial x_i}(\rho u_i) = \frac{\partial \rho'}{\partial t} + \rho'\frac{\partial f}{\partial t}\delta(f) + \frac{\partial}{\partial x_i}(\rho u_i) + \rho u_i\frac{\partial f}{\partial x_i}\delta(f)$$

$$= \rho'\Big(\frac{\partial f}{\partial t} + u_i\frac{\partial f}{\partial x_i}\Big)\delta(f) + \rho_0 u_i\frac{\partial f}{\partial x_i}\delta(f) \qquad (2-68)$$

对于运动表面, $f(y_1,y_2,y_3,t)=0$, 得到表面运动速度为

$$v_i = \frac{\partial y_i}{\partial t} = -\frac{\partial f/\partial t}{\partial f/\partial y_i} \qquad (2-69)$$

其中, $v_i = v \cdot n, n = \nabla f/|\nabla f|$ 为 S 的法线向量, S 表面无法穿透。

$$\Big(\frac{\partial f}{\partial t} + u_i\frac{\partial f}{\partial x_i}\Big)\delta(f) = (u_i - v_i)\frac{\partial f}{\partial x_i}(f) = (u_n - v_n)|\nabla f|\delta(f) = 0 \qquad (2-70)$$

由 S 表面法向速度与介质法向速度相等, 得到连续性方程:

$$\frac{\partial \rho'}{\partial t} + \frac{\bar{\partial}}{\partial x_i}(\rho u_i) = \rho_0 u_i\frac{\partial f}{\partial x_i}\delta(f) = \rho_0 v_n|\nabla f|\delta(f) \qquad (2-71)$$

动量方程为

$$\frac{\bar{\partial}}{\partial t}(\rho u_i) + \frac{\bar{\partial}}{\partial x_j}(p_{ij} + \rho u_i u_j) = (p_{ij} - p_0\delta_{ij})\frac{\partial f}{\partial x_j}\delta(f) \qquad (2-72)$$

对式(2-71)与式(2-72)进行广义导数运算, 并根据式(2-69), 得波动方程:

$$c_0^2\,\overline{\nabla}^2\rho' - \frac{\bar{\partial}^2\rho'}{\partial t^2} = -\frac{\bar{\partial}}{\partial^2 t}\{\rho_0 v_n|\nabla f|\delta(f)\} + \frac{\bar{\partial}}{\partial x_i}\{L_i|\nabla f|\delta(f)\} - \frac{\bar{\partial}^2 T_{ij}}{\partial x_i\partial x_j} \qquad (2-73)$$

其中,

$$L_i = p'_{ij} \cdot n_j = p'_{ij}\frac{\partial f/\partial x_j}{|\nabla f|} \qquad (2-74)$$

式(2-73)即为 FW-H 方程, 包括 S 表面外湍流中的四极子源以及分布在 S 表面的偶极子源, 四极子源的密度为 T_{ij}, 偶极子源的密度为 L_i。

2.3.4　有限元结合无限元方法[98]

如图 2-4 所示, 考虑模型 S 向区域 V 辐射噪声, 模型的流激噪声为 $p(x,t)$, 在 V 内满足波动方程:

$$\nabla^2 p - \frac{1}{c^2}\frac{\partial^2 p}{\partial^2 t} = 0 \qquad (2-75)$$

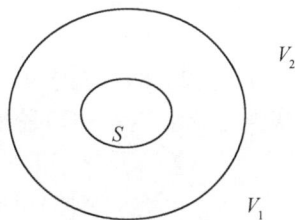

图 2-4　流激噪声示意图

假设流激噪声为简谐波, 即

$$p(x,t) = P(x,\omega)e^{-i\omega t} \qquad (2-76)$$

其中, P 为复数振幅, 与频率及空间坐标有关。将式(2-76)代入式(2-75)得到亥姆霍兹方程。

$$\nabla^2 P + k^2 P = 0 \qquad (2-77)$$

其中, k 为波数, 则边界条件为

$$\nabla \bar{P} \cdot n + \rho\,\bar{a}_n = 0 \qquad (2-78)$$

其中, $\bar{P}$ 为流激噪声的幅值, $\bar{a}_n$ 为法向加速度的幅值, 由无限远 Sommerfeld 条件可得

$$\lim_{r \to \infty} r^{(d-1)/2} \left(\frac{\partial P}{\partial r} - ikP \right) = 0 \qquad (2-79)$$

其中，d 为自由度数，r 为区域 V 内任意点到坐标原点的距离。

采用有限元结合无限元的方法求解式 $(2-75)$ 到式 $(2-79)$，在 V_1 区域采用有限元，在 V_2 区域采用无限元。

依照有限元方法，将 V_1 离散为有限个单元，通过等参变换将每个单元上任意点 x 的流激噪声 P 表示为

$$P = N(\xi, \eta) P^{(e)} \qquad (2-80)$$

$$x = N(\xi, \eta) X^{(e)} \qquad (2-81)$$

其中，$X^{(e)}$ 和 $P^{(e)}$ 为节点坐标与流激噪声的列向量，N 为形函数，式 $(2-77)$ 与式 $(2-78)$ 可表示为

$$(\boldsymbol{K} - k^2 \boldsymbol{M}) P = \boldsymbol{F} \qquad (2-82)$$

其中，$\boldsymbol{K}$ 为刚度矩阵，$\boldsymbol{M}$ 为质量矩阵，$\boldsymbol{F}$ 为载荷列向量。

$$K_{ij} = \sum K_{ij}^{(e)} = \sum \int_{\Omega^{(e)}} \nabla N_i \cdot \nabla N_j \mathrm{d}\Omega^{(e)} \qquad (2-83)$$

$$M_{ij} = \sum M_{ij}^{(e)} = \sum \int_{\Omega^{(e)}} N_i N_j \mathrm{d}\Omega^{(e)} \qquad (2-84)$$

$$F_{ij} = \sum F_i^{(e)} = \rho \sum \int_{\Omega^{(e)}} N_i \bar{a}_n \mathrm{d}S^{(e)} \qquad (2-85)$$

在 V_2 区域使用无限单元进行离散，单元的质量矩阵与刚度矩阵为

$$M_{ij}^{(e)} = \int_{\Omega^{(e)}} W_i \boldsymbol{\Phi}_j \mathrm{d}\Omega^{(e)} \qquad (2-86)$$

$$K_{ij}^{(e)} = \int_{\Omega^{(e)}} \nabla W_i \cdot \nabla \varphi_j \mathrm{d}\Omega^{(e)} \qquad (2-87)$$

其中，$\boldsymbol{\Phi}_i$ 与 W_i 分别为基函数和权函数，无限元内流激噪声由单元节点声压插值得到

$$P = \Gamma_1 P_1 + \Gamma_2 P_2 \qquad (2-88)$$

Γ_1、Γ_2 为插值函数，基函数可表示为插值函数与传播的波函数之积，有

$$\boldsymbol{\Phi}_i = \Gamma_i \exp[-ik(r - a_i)] \qquad (2-89)$$

权函数可表示为

$$W_i = (a_i/r)^2 \Gamma_i \exp[ik(r - a_i)] \qquad (2-90)$$

将式 $(2-89)$ 与式 $(2-90)$ 代入式 $(2-86)$ 与式 $(2-87)$，求得无限元的质量矩阵与刚度矩阵，代入式 $(2-82)$ 最终求得流激噪声。

2.4 本章小结

本章基于空间固定无限小体积元推导了连续性方程与动量方程，接着介绍了流体力学数值计算的基本方法，介绍了 RNG$k-\varepsilon$ 湍流模型与大涡模拟（LES）方法的基本理论，介绍了数值计算流激噪声的方法，包括 Lighthill 声类比理论、Curle 方程、FW-H 方程，以及采用有限元结合无限元方法计算流激噪声。

第3章 水下孔腔流激噪声的数值计算

本章利用前面介绍的流体力学与声类比方法对水下孔腔水动力噪声进行计算；使用 $k-\varepsilon$ 模型计算流场稳态，获取其计算结果后，作为初始数据开展大涡模拟计算，获取流场瞬态数据；利用声类比方法将流场瞬态数据转化为声源项，进行水动力噪声计算，得到声场信息，如辐射声功率等。

3.1 数值计算流程

水动力噪声计算流程包括流场和声场模型建立、流场和声场模型网格划分、流场稳态和瞬态计算、声源提取和声场计算等。本书使用三维软件 SolidWorks 建立流场和声场模型。除孔腔外，计算模型还应包含足够大的外部流场，声场分为声源区、声传播区和无限远场。流场与声场模型的网格划分采用 ICEM 进行。

本书利用软件 Fluent 数值模拟稳态流场，根据稳态流场计算瞬态流场。本书将流场瞬态结果导入软件 ACTRAN 中，以提取声源数据，并对声场进行计算。

湍流噪声计算流程如图 3-1 所示。

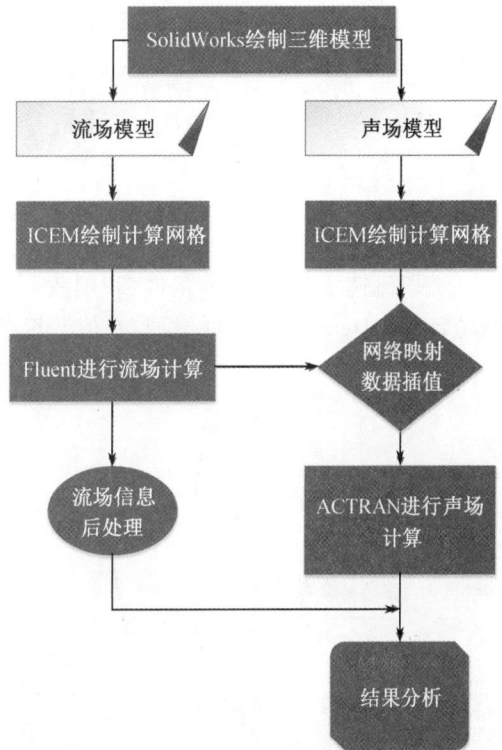

图 3-1 湍流噪声计算流程

3.2 数值计算方法准确性验证

3.2.1 简支板流激噪声

下面采用空气中薄板流激噪声的试验对所建立的数值计算方法进行验证。Heatwole 等[99]研究了简支板的流激噪声。简支板安装在风洞壁面上，背面为粘贴吸声材料的接收室。接收室中有麦克风,以接收简支板的流激噪声,麦克风的坐标为(0.458 m, −0.035 m, 0.458 m)。该简支板的参数如下。

材质为铝,长度 0.46 m,宽度 0.33 m,厚度 0.004 8 m,密度 2.7×10^3 kg/m³,杨氏模量 7.3×10^{10} N/m²,泊松比 0.33。采集简支板在三种流速 26.8 m/s、35.8 m/s 和 40.2 m/s 下的流激噪声。Heatwole 的试验装置如图 3 − 2 所示。

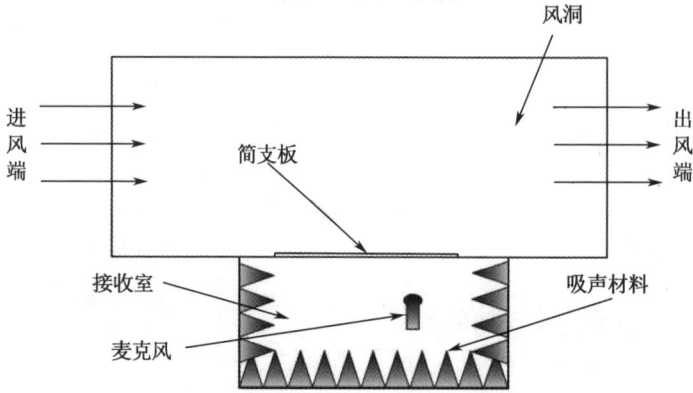

图 3 − 2 Heatwole 的试验装置

选取流速 35.8 m/s 的条件,利用软件 Fluent 和 ACTRAN 对 Heatwole 的试验结果进行数值计算。Heatwole 试验结果与数值计算结果的比较如图 3 − 3 所示。

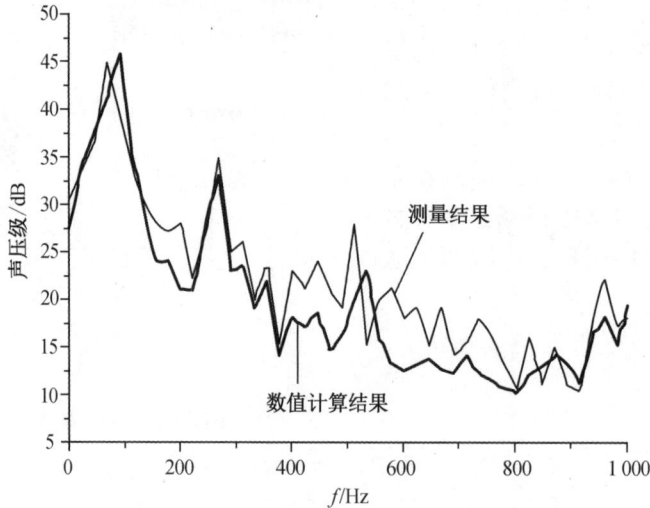

图 3 − 3 Heatwole 试验结果与数值计算结果的比较

可见,流激噪声的数值计算结果与 Heatwole 的试验结果吻合较好,两者之间的相对误差为 0.6%,峰值频率很接近,幅值变化趋势相同。因此,所建立的数值计算方法是正确的,可以应用于计算流激噪声。

3.2.2 蒸汽管路开口阀门流噪声

为验证前面建立的方法计算孔腔自噪声的准确性,使用蒸汽管路开口阀门流噪声对该方法进行验证。Lafon 等[100]利用此模型进行了二维模型数值计算与试验,试验装置如图3-4所示。

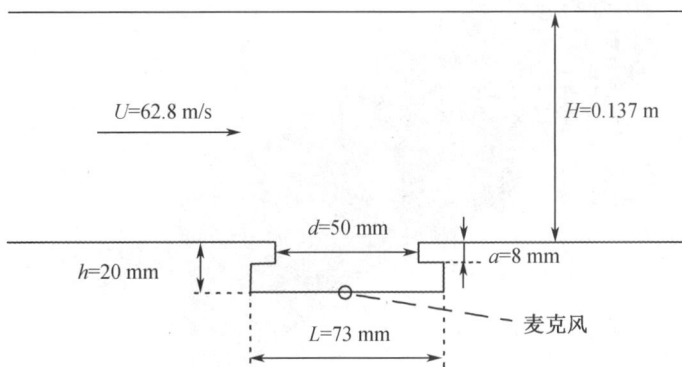

图 3-4　Lafon 等的试验装置

参数如下:风洞高 137 mm,孔腔为倒 T 形,深 20 mm、宽 73 mm、开口长 50 mm、深 8 mm。麦克风位于倒 T 形孔腔底部中间。试验的流速 U 为 62.8 m/s。

在对该模型进行数值计算时,需要采用三维计算模型,厚度 30 mm。孔腔流场上游的长度为 0.115 m,下游的长度为 0.195 m。使用 LES 方法计算流场,令壁面 y^+ 值小于 30,倒 T 型孔腔流场网格如图 3-5 所示。

使用 Fluent 计算流场。孔腔壁面及流场底面为无滑移壁面,其余为对称边界条件。利用标准 $k-\varepsilon$ 模型进行稳态流场计算,利用 LES 方法得到流场瞬态计算的结果。

图 3-6 为 LES 方法计算的涡量云图,可见:孔腔开口处边界层出现振荡与分离,边界层分离会产生大量的涡,随流场运动到孔腔后沿,并产生压力起伏,从而激励孔腔。

图 3-5　倒 T 型孔腔流场网格

图 3-6　涡量云图

21

由于空气的特性阻抗远小于风洞壁的特性阻抗,可认为声场中壁面是绝对硬边界,轴向上的声波能够自由传播。因此,设置风洞径向壁面为固定壁面,在轴向上建立声传播区与无限远场。图 3 – 7 为声场网格。

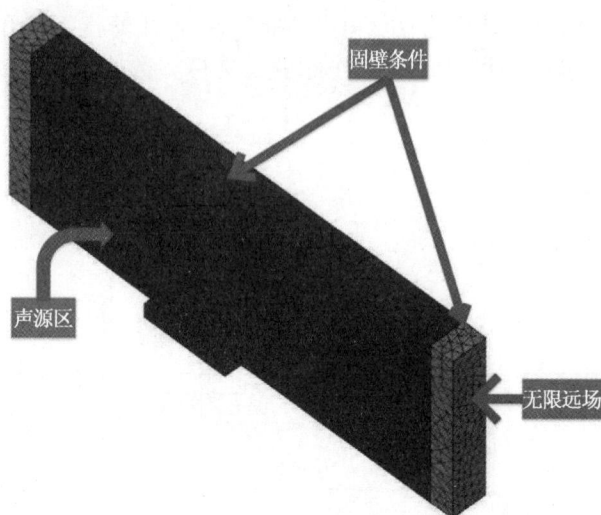

图 3 – 7　声场网格

利用 ACTRAN 读取流场瞬态结果,采用插值的方法将流场网格映射到声场网格。利用 Lighthill 声类比方法,将流场信息转化为声源。设置场点位于孔腔底部中间,模拟麦克风接收声场信号。Lafon 等的试验结果及数值计算结果如图 3 – 8 所示,本书数值计算结果如图 3 – 9 所示。

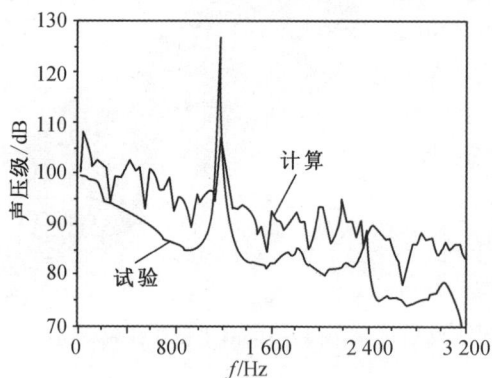

图 3 – 8　Lafon 等的试验结果
及数值计算结果

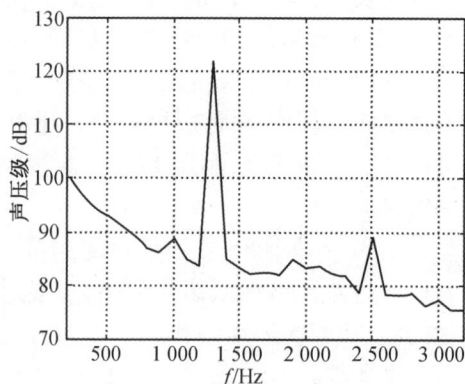

图 3 – 9　本书数值计算结果

可见,本书数值计算结果与 Lafon 等结果的趋势一致,两个声压峰值频率均能吻合。因此,可认为大涡模拟能够很好地数值模拟孔腔的流动状态,结果接近真实情况。采用 Lighthill 声类比方法计算孔腔的流体自噪声结果较为准确。

3.3 原型孔腔水动力噪声的计算

3.3.1 模型设置与计算方法

水下航行器的流水孔较多而且构型复杂，并且流水孔流场之间的相互作用过程也非常复杂。这里只取部分特征进行计算研究。由于水下航行器上流水孔的横截面和腔口截面多以矩形为主，这里采用矩形截面孔腔作为研究对象。因为流动控制技术对其内部流场的影响有限，还可对孔腔的内部进行简化，故选取等横截面的三维矩形开口孔腔，宽 100 mm、高 150 mm、长 100 mm、壁厚 5 mm，材质为钢。

在孔腔开口处建立外部流场。孔腔开口距入口 100 mm、出口 220 mm、左右边界各 100 mm，如图 3 – 10 所示。表 3 – 1 为边界条件设置。

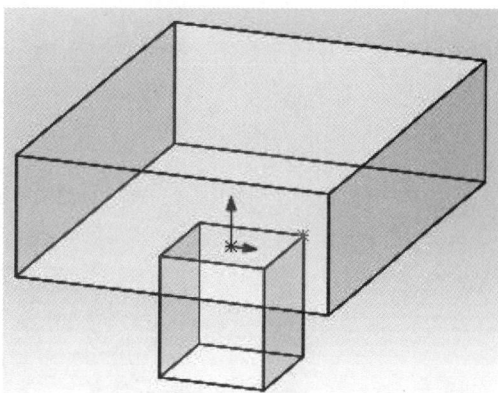

图 3 – 10　孔腔模型示意图

表 3 – 1　边界条件设置

入口	速度入口(4.62 m/s、10 m/s)
出口	压力出口/0 Pa
顶面	对称边界
侧面	对称边界
孔腔壁面	无滑移
外流场底面	无滑移

在划分流场网格时，因陷窝与导流板结构比较小，绘制结构网格非常困难，故使用非结构网格，所有网格均采用同种非结构网格，以保证计算结果可比较。流场模型导入 ICEM 中，分为进口、出口、对称面、壁面、流体，全局最大网格尺度为 0.1 m，壁面最大网格尺度为 0.001 m。因为孔腔水动力噪声与腔口的流动状态密切相关，对腔口网格加密，此处最大网格尺度为 0.001 m。孔腔原始模型的流场网格如图 3 – 11 所示。

流场计算可以划分为稳态计算与瞬态计算，分别对应定常流动与非定常流动。湍流计算方法

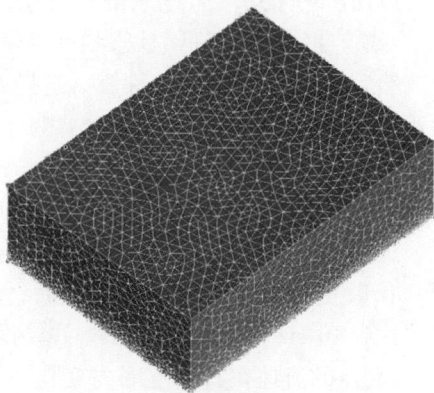

图 3 – 11　孔腔原始模型的流场网格

中的 RANS 方法的控制方程是时均的,只能应用于定常流动计算;LES 方法的控制方程是瞬时的,可用于非定常流动计算。在计算湍流噪声时,提取流场中各质点的时域信息,进行傅里叶变换,得到包含时域信息的流场结果,故必须进行非定常流动计算,即瞬态计算。图3－12为残差收敛曲线(稳态),图3－13为监测点处流速的收敛曲线(稳态)。

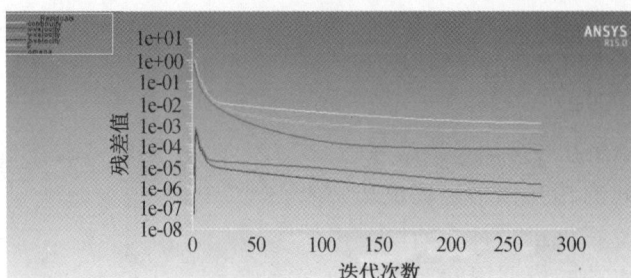

图 3－12　残差收敛曲线(稳态)

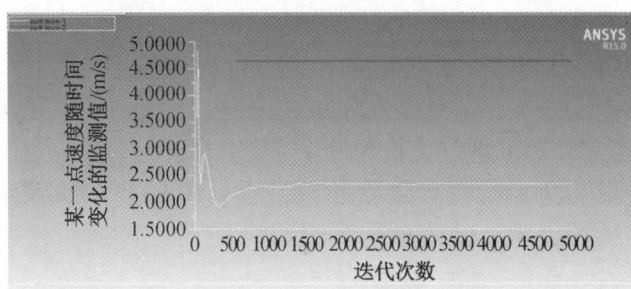

图 3－13　监测点处流速的收敛曲线(稳态)

由于 LES 方法对初始的流场条件要求高,因此简单初始化极易造成数值发散。首先,使用标准 $k-\varepsilon$ 模型进行稳态流场计算;然后,将稳态计算结果作为瞬态计算初始状态。标准 $k-\varepsilon$ 模型计算精度高、模型简单的特点,不仅能降低 LES 数值发散的可能性,还能缩短数值计算所需的时间。

首先,开启湍流方程,进行稳态计算,选择标准 $k-\varepsilon$ 模型,流体设为水,入口速度分别为4.62 m/s 和 10 m/s,称为低流速和高流速。压力速度耦合采用 SIMPLEC 修正方程,对流项和压力插值均采用两阶迎风格式,利用速度入口对模型初始化。稳态流场采用 5 000 步计算,当残差曲线不再降低,且监测点流速稳定后,可认为数值计算已经收敛。

然后,进行流场的瞬态计算。选择 LES 方法进行湍流计算,选取 Smagorinsk－Lilly 模型为亚格子应力模型。时间采样公式为

$$f_{\max} = 1/2\Delta t, f_{\min} = 1/N\Delta t \tag{3-1}$$

式中,$f_{\max}$ 为最高频率,$f_{\min}$ 为分辨频率,Δt 为采样时间,N 为样本数。

选择时间步长为0.000 25 s,以使分析频率达到 2 000 Hz。首先,在稳态流场上计算10 000步,使瞬态流场计算收敛;然后,保存 400 步的瞬态结果用于计算声场,并使声场的分辨率达到 10 Hz。当达到稳定时,残差没有增大或降低的趋势,而是围绕某一数量级上下波动,监测点的流速在有限范围内变化。当残差曲线与流场监测数据满足上述两点时,可认为流场稳定,保存流场瞬态计算结果。

图 3 – 14 为残差曲线(瞬态)。

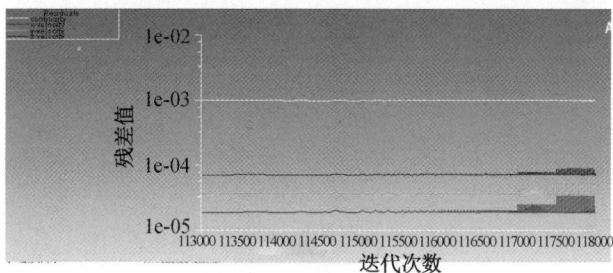

图 3 – 14 残差曲线(瞬态)

3.3.2 计算结果及分析

首先,要判断 y^+ 值。y^+ 值越小,边界流动计算越准确,可以保证壁面脉动压力的计算准确度。y^+ 值越小,也表明流场计算结果越接近实际的流场。在 RANS 方法和 $k-\varepsilon$ 模型中,y^+ 值处于 50~100 范围内即认为满足计算条件;对于 LES 方法,原则上要求 y^+ 值在 1 以下。

由图 3 – 15 可见,流速 4.62 m/s 时整个壁面 y^+ 值均小于 1;由图 3 – 16 可见,流速 10 m/s 时,除入口附近很窄的带状区域外,其余壁面 y^+ 值均小于 1。因为速度入口流速为 10 m/s,而紧贴无滑移壁面的流速为 0 m/s,相邻壁面的流速差异太大,造成了带状区域。故可认为流场的 y^+ 值满足 LES 方法要求。

图 3 – 15 流速 4.62 m/s 时的壁面 y^+ 值

图 3 – 16 流速 10 m/s 时的壁面 y^+ 值

对流场数据利用 y^+ 值验证后,可对流场数据进行后处理,直观地对流场进行分析。后处理的专业软件为 CFD – POST、tecplot,也可用 Fluent 的后处理功能。

图 3 – 17 和图 3 – 18 给出了流速 4.62 m/s 和 10 m/s 时稳态流场对孔腔壁面的压力。

图 3 – 17 流速 4.62 m/s 时稳态流场对孔腔壁面的压力

图 3-18　流速 10 m/s 时稳态流场对孔腔壁面的压力值

由图 3-17 和图 3-18 可见,在低流速和高流速条件下,孔腔表面的压力分布类似,压力变化强烈的地方是孔腔开口后壁面的随边。

对比图 3-19 和图 3-20 可见,排除网格加密的影响,孔腔表面涡量分布较为均匀。但是,高流速下的涡量比低流速下的涡量更高,表明高流速下的湍流度更高。为了更清楚地显示流场,使用沿流动方向的流场剖面图做进一步分析。

图 3-19　流速 4.62 m/s 时的速度云图

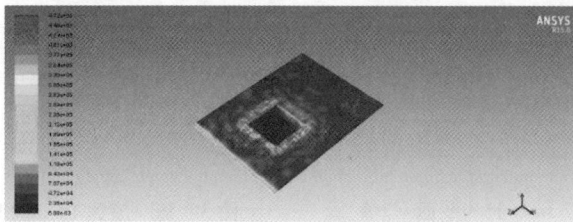

图 3-20　流速 10 m/s 时的速度云图

由图 3-21 和图 3-22 可见,后沿随边的压力区分为两部分,低压区与高压区;孔腔后壁部分为高压区,外流场底边部分为低压区。这是因为竖直壁面正面迎流,直接受流体的撞击;在流体与壁面碰撞后,形成远离壁面的流动,造成负压区。

图 3-21　流速 4.62 m/s 时流场切面压力

图3-22　流速10 m/s时流场切面压力

图3-23与图3-24表明:孔腔外的流速较高,腔体内部的流速很低。根据伯努利原理,二者之间会形成压力差,加上速度梯度大,使得边界层发生分离,在高速与低速流体的结合处会产生湍流。

图3-23　流速4.62 m/s时的速度云图

图3-24　流速10 m/s时的速度云图

与声场相关性更高的是流场的瞬态。由于瞬态计算的LES方法的精度明显高于RANS方法,对瞬态流场的分析很有必要。图3-25和图3-26为流速10 m/s时 $t=1$ s时涡量云图和流场压力。

图 3-25　流速 10 m/s、$t=1$ s 时涡量云图

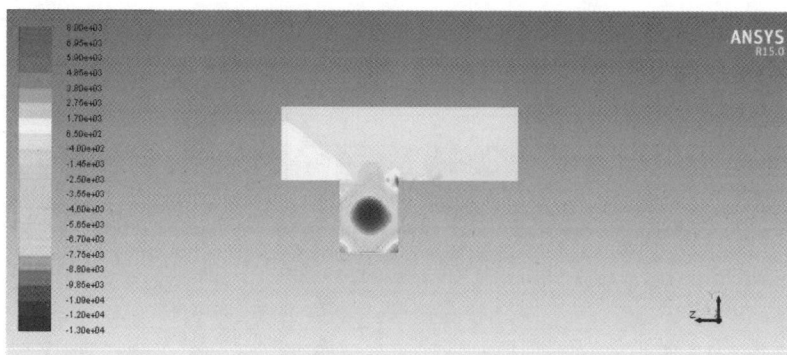

图 3-26　流速 10 m/s、$t=1$ s 时流场压力

由图 3-25 可见,边界层在流经孔腔开口时发生分离,在孔腔开口前沿导边产生大量脱落涡,并发生流体振荡;湍流在孔腔开口处形成高涡量区。腔口处脱落涡随流动撞击后沿随边,并产生新的涡,一部分涡沿腔体后壁进入孔腔内部,一部分在孔腔外流场下表面运行。由图 3-26 可见,尾流涡系在孔腔后形成了压力高低相间的变化区并一直向后运动。

选择 ACTRAN 中 ICFD 模块的 PressureSurface 计算表面脉动压力。这是一个将流场数据提取转化为力源并映射入声学网格的过程。低流速和高流速时的孔腔表面受到的脉动压力如图 3-27、图 3-28 所示。

(a) 250 Hz

(b) 500 Hz

(c) 1 000 Hz

(d) 2 000 Hz

图 3-27　流速 4.62 m/s 时孔腔表面受到的脉动压力

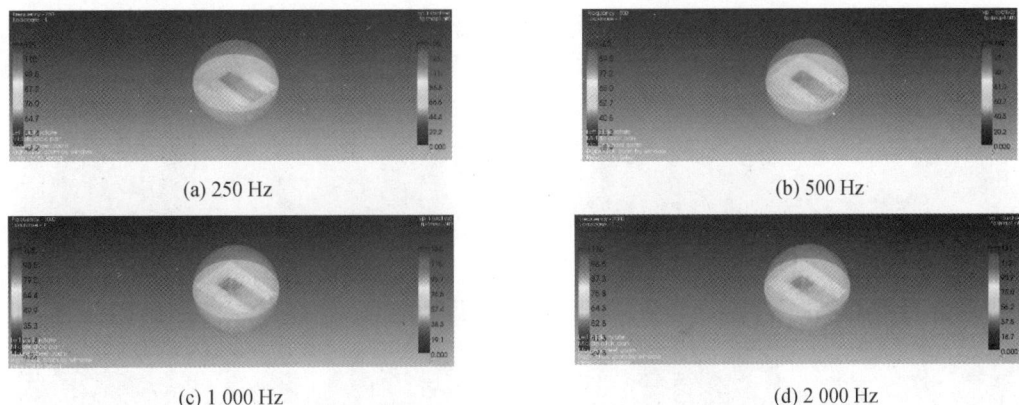

(a) 250 Hz

(b) 500 Hz

(c) 1 000 Hz

(d) 2 000 Hz

图 3 – 28 流速 10 m/s 时孔腔表面受到的脉动压力

高、低流速下的脉动压力分布相似,孔腔开口处壁面与孔腔后外表面是脉动压力比较大的区域,与孔腔开口处的边界层分离的湍流区域与孔腔后沿尾涡脱落区域重合。高速下的脉动压力偏高,随频率升高脉动压力的变化趋势是下降的。

可见,通过流动控制技术进行孔腔水动力噪声治理,着眼点在于控制壁面脉动压力,入手点在两个高脉动压力区。一方面,降低孔腔开口处壁面脉动压力,可通过改变壁面形状来降低流体对壁面的冲击,也可对开口处湍流进行控制,这部分流动造成了开口处壁面的脉动压力;另一方面,对尾流进行控制,抑制孔腔后外表面的较高脉动压力。

由于水下航行器水动力噪声中的流激噪声占主要成分,远大于流噪声。因此,在孔腔水动力噪声的声场计算中,可仅考虑流激噪声。将声场模型设计成一个半径为 260 mm 的球体,采用无限元法构造球面来模拟自由场,内部声场为水,孔腔设置为薄壳,材料为钢,厚度为 5 mm。图 3 – 29 为原始声场模型。

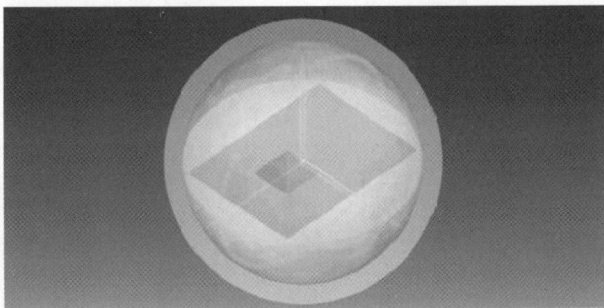

图 3 – 29 原始声场模型

为了完整地描述声波信息,对声场进行网格划分,须保证一阶单元每波长包含 6 ~ 8 个节点,二阶单元每波长包含 4 个节点。选择最小波长作为定义高精度网格尺寸的标准。在 ACTRAN 中,通常将最小波长的 1/10 作为最大网格尺度。将流场瞬态 400 步结果、流场网格信息、声场网格信息导入 ICFD 模块,利用傅里叶变换对计算结果进行插值,将孔腔的脉动压力提取并作为孔腔表面的激励力,使孔腔振动并辐射噪声。孔腔的声场如图 3 – 30 与图 3 – 31 所示。可见,在高流速与低流速下声场分布相似,在高流速下声压比在低流速下高。各频率下的声场分布变化的特征:一方面,随频率升高,声场分布变复杂;另一方面,相同位置处声压幅值随频率升高而逐渐降低。孔腔辐射声功率如图 3 - 32 和图 3 - 33 所示,图中的峰值是孔腔 - 薄板共振导致的。

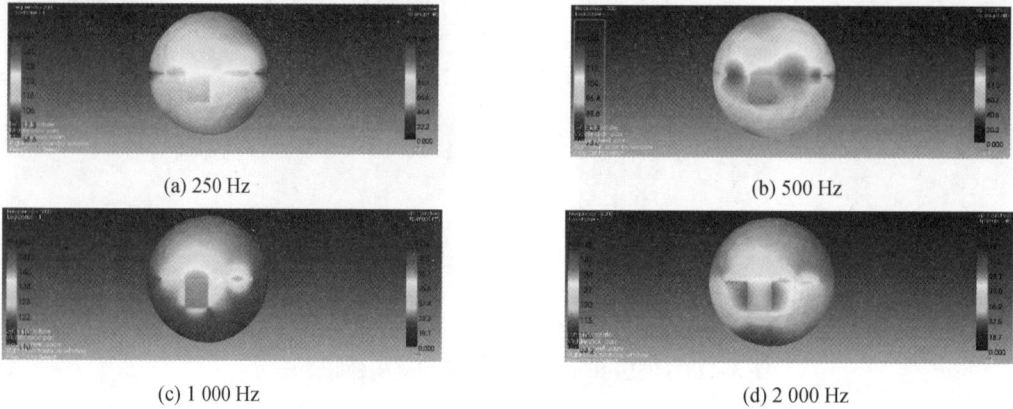

(a) 250 Hz

(b) 500 Hz

(c) 1 000 Hz

(d) 2 000 Hz

图 3 - 30　流速 4.62 m/s 时孔腔的声场

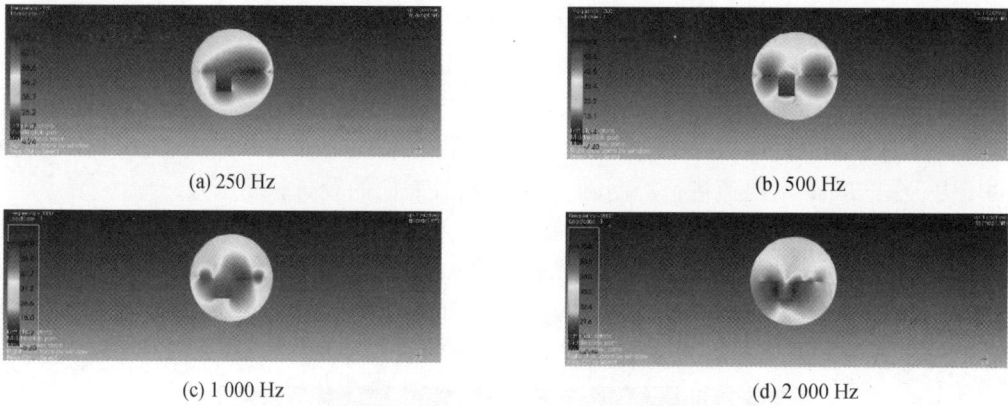

(a) 250 Hz

(b) 500 Hz

(c) 1 000 Hz

(d) 2 000 Hz

图 3 - 31　流速 10 m/s 时孔腔的声场

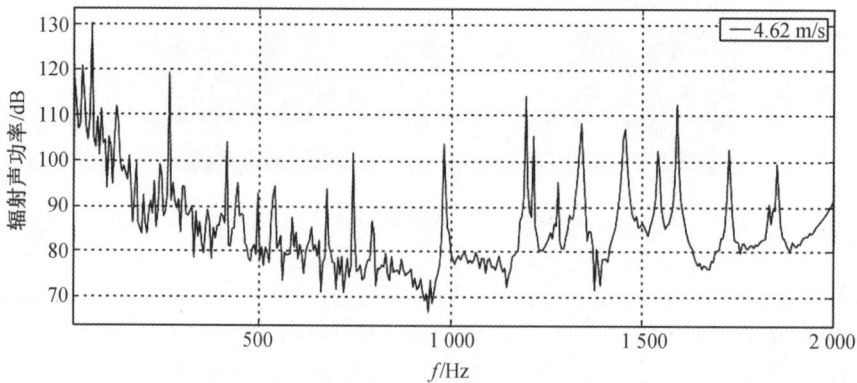

图 3 - 32　流速 4.62 m/s 时孔腔辐射声功率

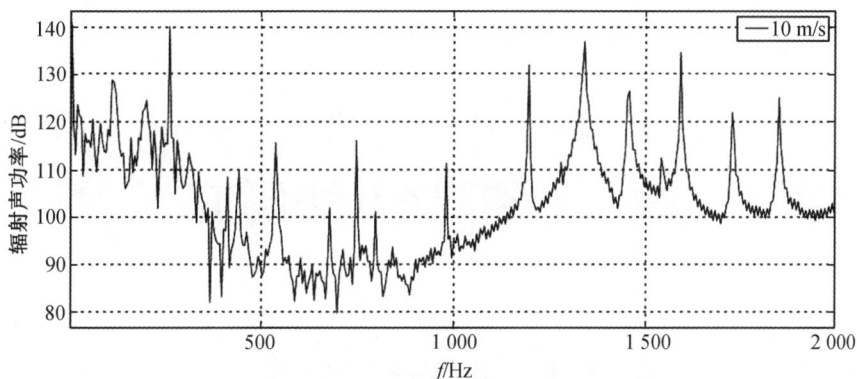

图 3 - 33   流速 10 m/s 时孔腔辐射声功率

3.4   本 章 小 结

本章首先对数值计算流程进行了介绍,然后对数值算法进行了验证:使用平板流激噪声对数值计算的准确性进行了验证;对管路蒸汽阀流动进行了计算,以验证对孔腔流动计算的准确性,发现本书计算方法是可以用来计算孔腔流场的。

本章对水下孔腔的流激噪声进行了计算,分析了壁面脉动压力与流场特性,分析了流激噪声的产生机理(边界层分离对水下孔腔后沿随边的撞击、孔腔尾流涡系对壁面的脉动压力)为采用流动控制技术进行降噪奠定了基础。

第4章 孔腔流激噪声的抑制方法研究

4.1 陷窝降噪机理

本部分研究在孔腔前沿设置陷窝是否可以降低流激噪声,分析了陷窝宽深比、陷窝直径两个因素影响降低孔腔流激噪声效果的机理。

图4-1为陷窝的布放位置,图4-2为不同宽深比陷窝模型。

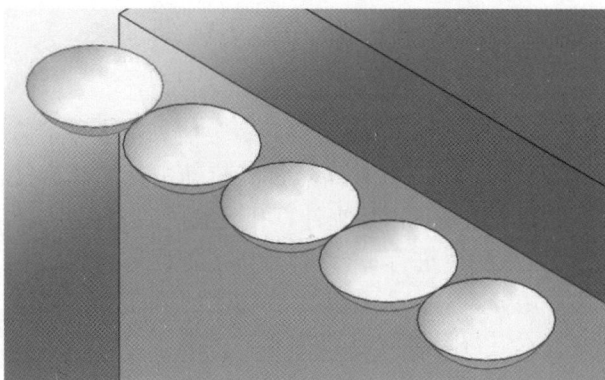

图4-1 陷窝的布放位置

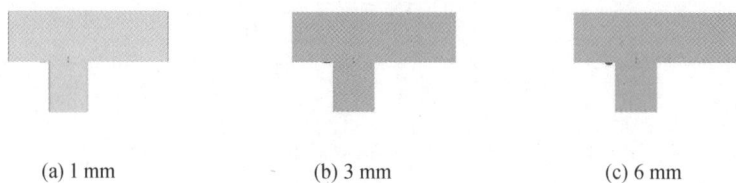

(a) 1 mm   (b) 3 mm   (c) 6 mm

图4-2 不同宽深比陷窝模型

4.1.1 不同宽深比陷窝降低孔腔流激噪声的效果

陷窝开口直径为20 mm,设置深分别为1 mm、3 mm、6 mm的陷窝,即宽深比为20∶1、20∶3、10∶3的三种情况。

通过图4-3、图4-4与表4-1、表4-2可发现,陷窝在高流速与低流速下均能够有效抑制孔腔的流激噪声。

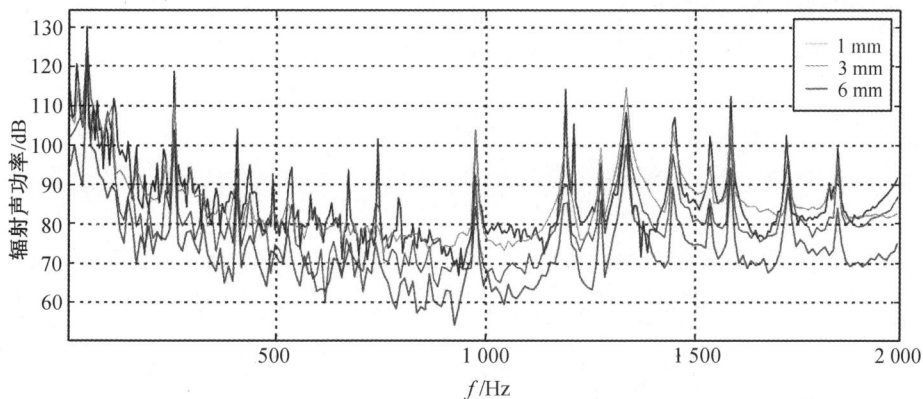

图4-3 流速4.62 m/s时孔腔放置不同宽深比陷窝的辐射声功率

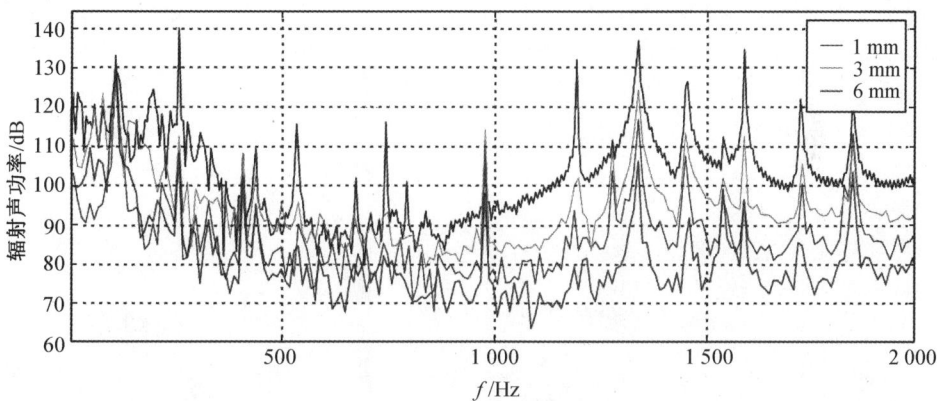

图4-4 流速10 m/s时孔腔放置不同宽深比陷窝的辐射声功率

表4-1 孔腔放置不同宽深比陷窝的辐射声功率(流速4.62 m/s)

陷窝宽深比	辐射声功率级/dB
无陷窝	139
20:1	137
20:3	133
10:3	129

表4-2 孔腔放置不同宽深比陷窝的辐射声功率(流速10 m/s)

陷窝宽深比	辐射声功率级/dB
无陷窝	153
20:1	143
20:3	141
10:3	140

还可发现,随陷窝宽深比增大,在两个流速条件下的孔腔流激噪声均最小。其中,宽深比10∶3的陷窝所导致的降噪效果十分明显,能够达到10 dB以上。陷窝对从0到2 000 Hz的流激噪声均有抑制作用,其噪声抑制效果是全频段的。由于所选用的陷窝均有降噪效果,且辐射声功率的频谱相似,这里采用宽深比10∶3的陷窝对其降噪机理进行分析。图4－4中1 000 Hz以上的共振峰为孔腔障板的共振峰,因为孔腔在建模时,包含了一部分弹性障板。

由图4－5可见,声场分布除幅值外与没有使用陷窝前十分相似,特别是在1 000 Hz以下。因此,可认为陷窝对声场的幅值有影响,基本不改变孔腔声场的指向性。

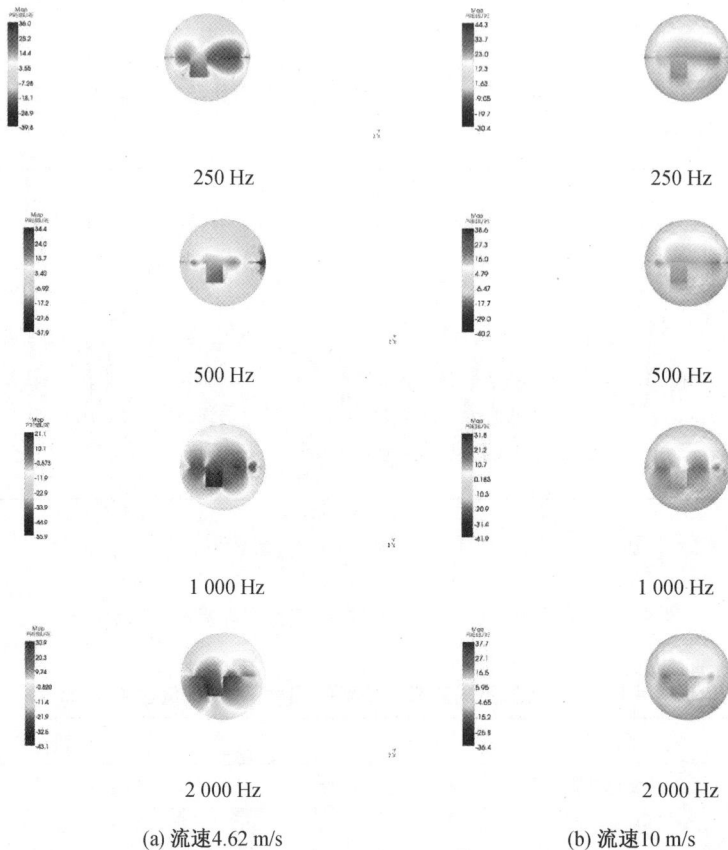

250 Hz　　　　　　250 Hz
500 Hz　　　　　　500 Hz
1 000 Hz　　　　　　1 000 Hz
2 000 Hz　　　　　　2 000 Hz

(a) 流速4.62 m/s　　　　　　(b) 流速10 m/s

图4－5　宽深比10∶3的陷窝对应模型声场分布

由图4－6可见,陷窝引起的流场结构变化不大,压力变化区依然是在腔体开口以及腔体开口后部,对应前沿流动分离形成的湍流与尾流涡系。但是,孔腔开口后壁的高压区的压力变小,孔腔开口后壁面的涡量变化更加明显。

因此,当流体流经陷窝后,流体中产生的涡旋补充了边界层能量,延缓了边界层分离,减弱了腔口湍流,减少了流体动能向声能的转化;同时,陷窝产生的涡旋能破坏腔口的涡流,使涡能量耗散加剧,降低了涡流对孔腔后沿的激励力。有无陷窝状态下腔口等涡面云图如图4－7所示。

陷窝产生强烈的涡流,使得孔腔开口处的涡相对于原型腔开口处的涡破碎得更小。

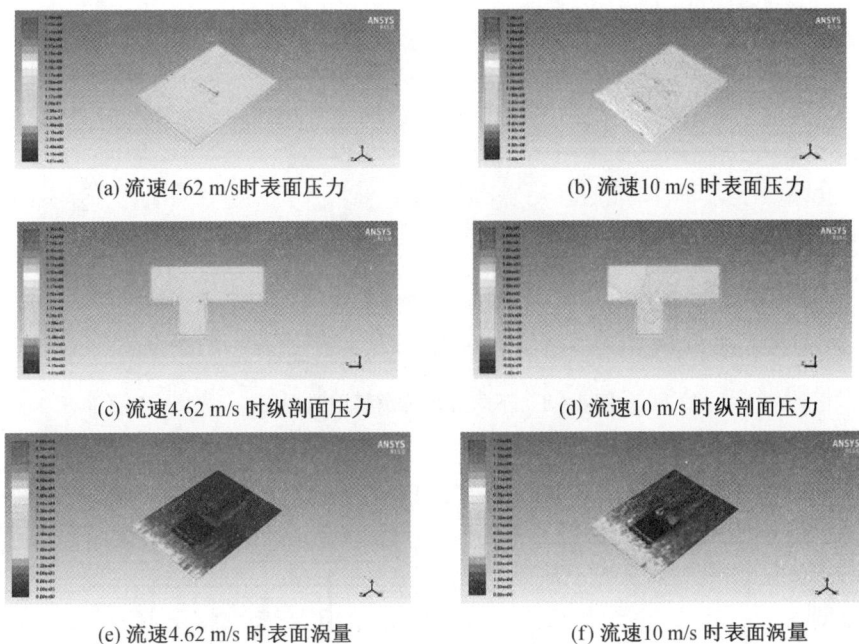

(a) 流速4.62 m/s 时表面压力

(b) 流速10 m/s 时表面压力

(c) 流速4.62 m/s 时纵剖面压力

(d) 流速10 m/s 时纵剖面压力

(e) 流速4.62 m/s 时表面涡量

(f) 流速10 m/s 时表面涡量

图 4-6 宽深比 10:3 的陷窝对应模型流场分布

(a) 原型模型等涡面云图

(b) 含陷窝模型等涡面云图

图 4-7 有无陷窝状态下腔口等涡面云图

4.1.2 相同宽深比、直径不同陷窝的降噪效果

具有一定宽深比的陷窝能够明显改变孔腔的流激噪声,这里假定陷窝的宽深比为 10:3。对直径为 10 mm、5 mm 的陷窝进行计算,并与直径为 20 mm 的陷窝进行对比。陷窝为单排,其宽度的总和等于腔体的开口宽度,如图 4-8 所示。

由图 4-9、图 4-10、表 4-3、表 4-4 可知,不同尺度陷窝对孔腔的流激噪声均有抑制作用。直径 10 mm 陷窝噪声抑制效果相对较弱,直径 20 mm 与 5 mm 陷窝均有十分突出的噪声抑制效果。因此,陷窝抑制噪声的能力与其直径不是线性关系,而是随陷窝直径的增大先降低后增加。

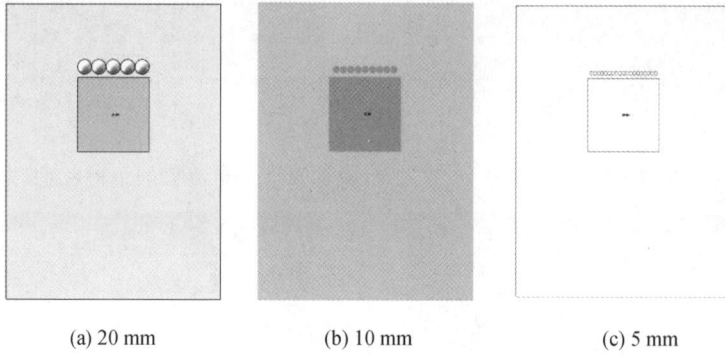

| (a) 20 mm | (b) 10 mm | (c) 5 mm |

图 4 – 8　不同直径陷窝模型俯视图

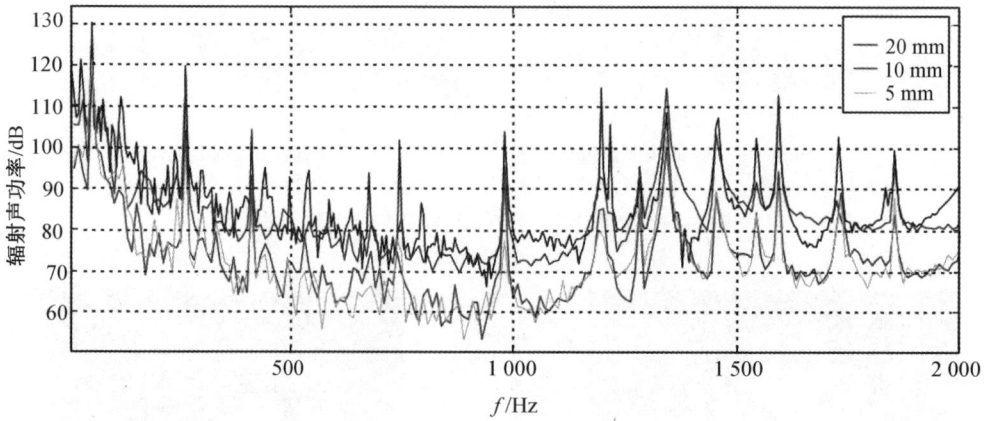

图 4 – 9　流速 4.62 m/s 时添加不同直径陷窝的孔腔辐射声功率

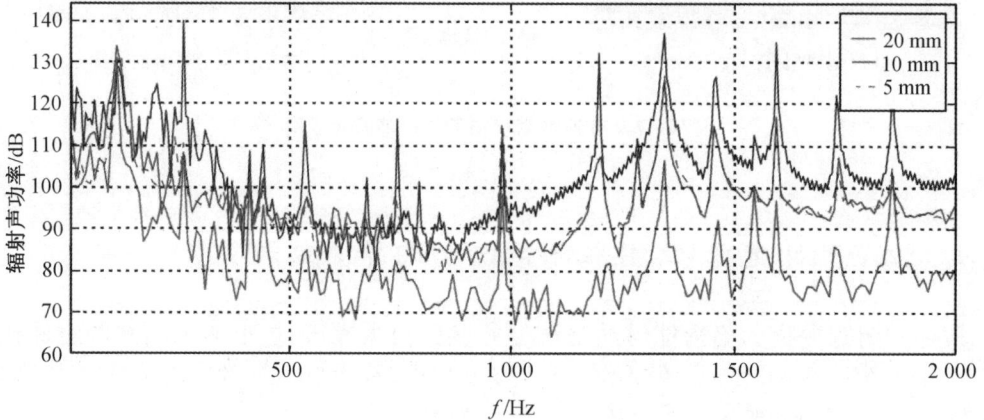

图 4 – 10　流速 10 m/s 时添加不同直径陷窝的孔腔辐射声功率

表4-3 流速 4.62 m/s 时添加不同直径陷窝的孔腔辐射声功率

10:3宽深比的陷窝直径长度	辐射声功率级/dB
无陷窝	139
20 mm	129
10 mm	133
5 mm	131

表4-4 流速 10 m/s 时添加不同直径陷窝的孔腔辐射声功率

10:3宽深比的陷窝直径长度	辐射声功率级/dB
无陷窝	153
20 mm	140
10 mm	146
5 mm	148

图 4-11 为直径 5 mm、深 1.5 mm 的陷窝对应模型流场分布。

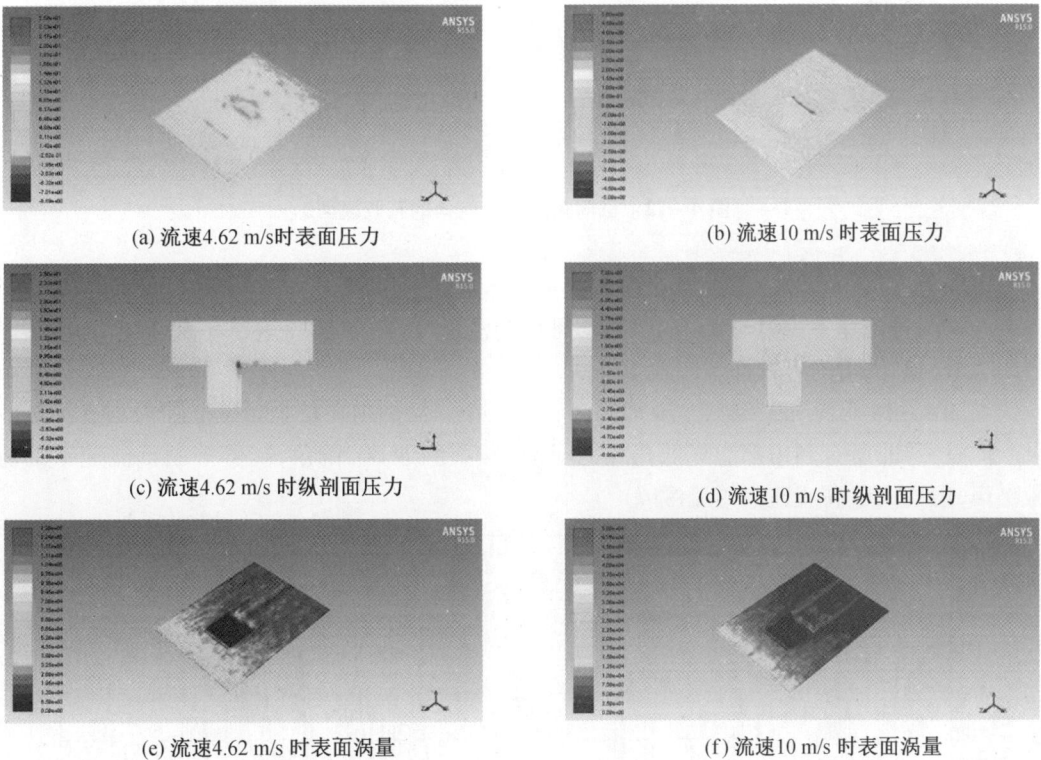

(a) 流速4.62 m/s时表面压力

(b) 流速10 m/s 时表面压力

(c) 流速4.62 m/s 时纵剖面压力

(d) 流速10 m/s 时纵剖面压力

(e) 流速4.62 m/s 时表面涡量

(f) 流速10 m/s 时表面涡量

图 4-11 直径 5 mm、深 1.5 mm 的陷窝对应模型流场分布

与水下原型孔腔流场相比,使用陷窝后孔腔流场明显变化的是后壁面的流场。其原因是陷窝能够产生涡流,使腔口湍流发生变化,进而改变尾流涡系。由此可见,在孔腔开口前部设置陷窝是一种有效的控制噪声的方法。降噪效果与陷窝的直径和宽深比均有关:宽深比越大,噪声控制效果越强;陷窝直径与抑制噪声效果密切,但二者之间关系较为复杂。

4.2 后沿倒角降低孔腔流激噪声机理

此部分分析了后沿倒角降低流激噪声的效果,并在多种后沿倒角方案中找出了最优设计。

4.2.1 倒角角度导致的孔腔水动力噪声变化

假定后沿倒角的深度为 20 mm,计算与流场底面法线方向夹角为 30°、45°、60°情况下的流激噪声。图 4－12 为不同角度后沿倒角的孔腔模型。

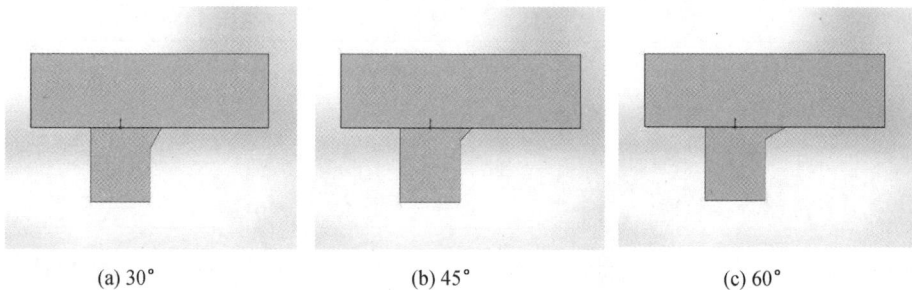

(a) 30°   (b) 45°   (c) 60°

图 4－12 不同角度后沿倒角的孔腔模型

不同角度倒角孔腔的辐射声功率如图 4－13、图 4－14、表 4－5、表 4－6 所示。

在这两种流速下,30°与 45°的倒角均可抑制流激噪声,效果能达到 6 dB 以上。从频率范围来看,45°倒角的有效抑制频段更广。

由图 4－14 可见,30°倒角主要抑制高频段噪声,45°倒角在整个频带范围内均有抑制效果。但是,并非所有倒角都能降低孔腔的流激噪声,例如 60°倒角,能够抑制低流速下的流激噪声,但增大了高流速下的流激噪声。

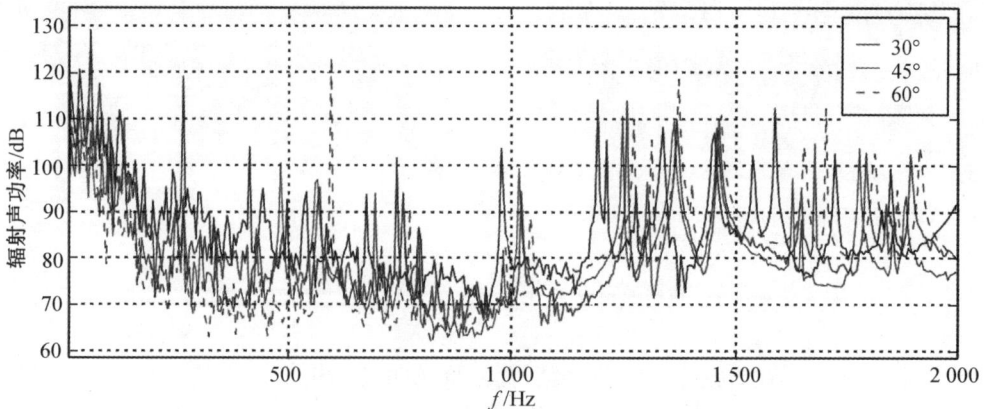

图 4－13 流速 4.62 m/s 时不同角度倒角孔腔的辐射声功率

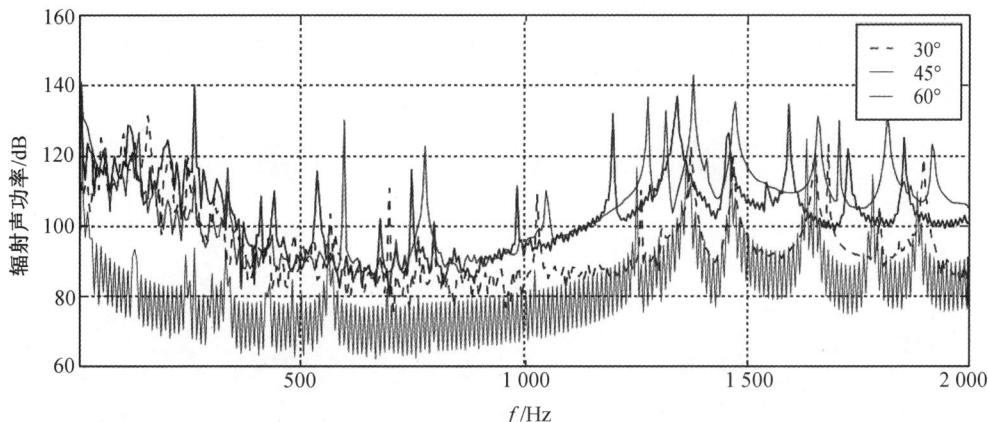

图 4 - 14 流速 10 m/s 时不同角度倒角孔腔的辐射声功率

表 4 - 5 流速 4.62 m/s 时不同角度后沿倒角孔腔的辐射声功率

孔腔后沿倒角角度	辐射声功率级/dB
无倒角	139
30°	131
45°	127
60°	133

表 4 - 6 流速 10 m/s 时不同角度后沿倒角孔腔的辐射声功率

孔腔后沿倒角角度	辐射声功率级/dB
无倒角	153
30°	144
45°	147
60°	155

由图 4 - 15 可见,30°和 45°的倒角改变了孔腔后沿边界层的再次附着,减小了孔腔后沿的脉动压力,从而降低了流激噪声;60°倒角在腔体后沿会产生不稳定涡旋,增大了孔腔后沿的脉动压力,增加了孔腔的辐射噪声。

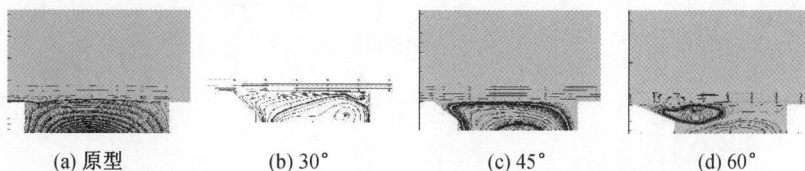

(a) 原型　　　(b) 30°　　　(c) 45°　　　(d) 60°

图 4 - 15 流速 10 m/s 时不同角度后沿倒角流线图

原型孔腔的后沿随边因为迎流会产生高压区,其分布面积较小,但压力幅值大,由于湍流作用随时间变化,其面积与形状也不断变化,造成强烈压力脉动,形成激励源。后沿倒角使孔腔的迎流面积增加,使高压区面积变大,倒角30°与45°后沿的区域迎流稳定,高压区的脉动压力反而减小。

图4-16为后沿随边45°倒角孔腔的声场分布。

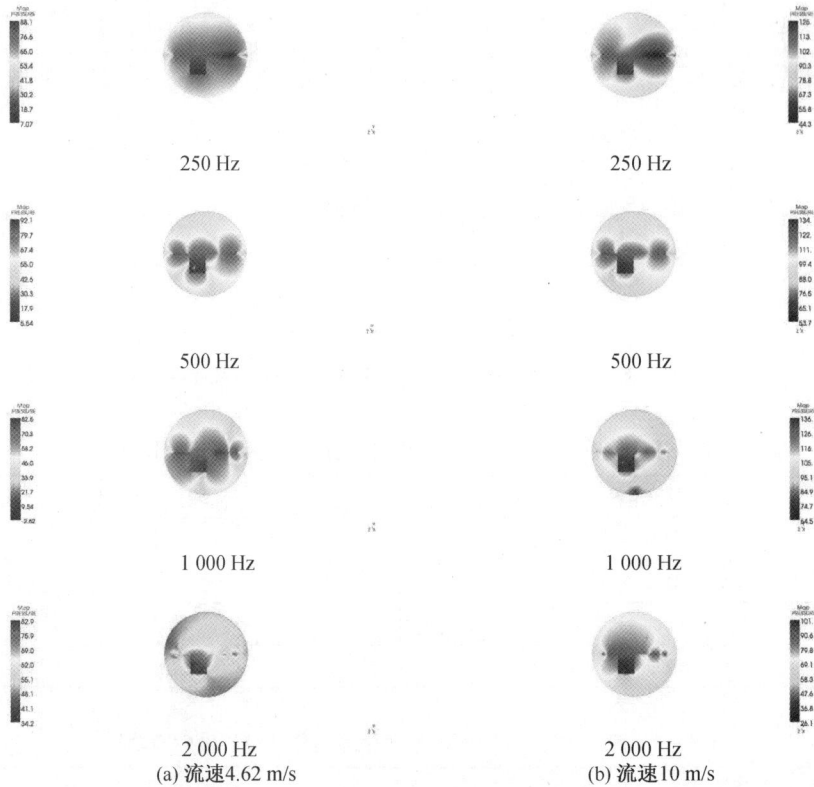

250 Hz

250 Hz

500 Hz

500 Hz

1 000 Hz

1 000 Hz

2 000 Hz
(a) 流速4.62 m/s

2 000 Hz
(b) 流速10 m/s

图4-16　后沿随边45°倒角孔腔的声场分布

由图4-16可见,后沿随边45°倒角孔腔与原型孔腔相比,低频的声场分布相似;1 000 Hz以上的声场分布在腔体开口处更集中,说明能量被集中。可见,倒角仅影响声场分布,与流速无关。

4.2.2　翼形后沿倒角的降噪机理

如图4-17所示,在45°后沿倒角的基础上,添加NACA0410、NACA0420、NACA0440翼形的上翼面作为后沿倒角,并与45°平直后沿倒角的降噪效果进行比较,见表4-7、表4-8。

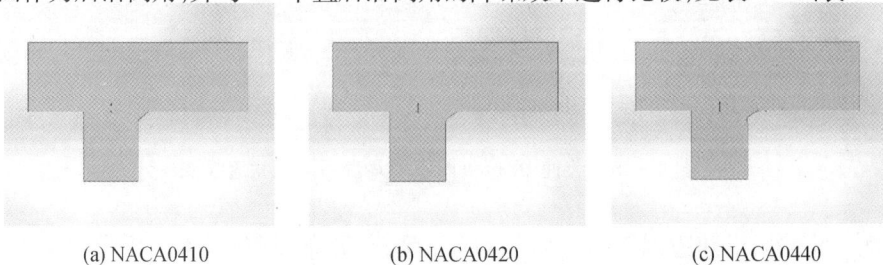

(a) NACA0410

(b) NACA0420

(c) NACA0440

图4-17　不同线型后沿倒角的孔腔模型

表 4－7　流速 4.62 m/s 时不同后沿线型倒角的辐射声功率

孔腔后沿线型	辐射声功率级/dB
直线	127
NACA0410	121
NACA0420	116
NACA0440	119

表 4－8　流速 10 m/s 时不同后沿线型倒角的辐射声功率

孔腔后沿线型	辐射声功率级/dB
直线	147
NACA0410	137
NACA0420	129
NACA0440	131

　　孔腔后沿设定为各翼形面后,均使辐射声功率进一步降低,而且对于 1 000 Hz 以上降噪的效果更加显著。其中,NACA0420 翼形面的降噪效果最佳。但根据图 4－18、图 4－19 可见,翼形面会增加 500 Hz 以下的噪声。

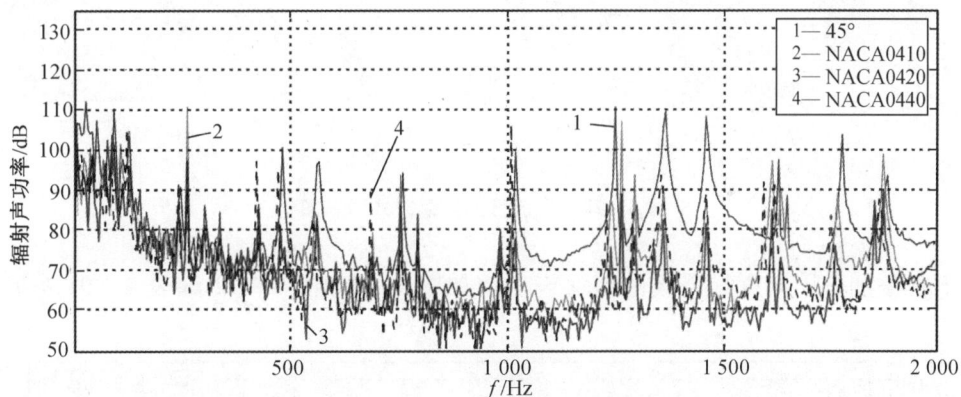

图 4－18　流速 4.62 m/s 时不同线型后沿倒角的辐射声功率

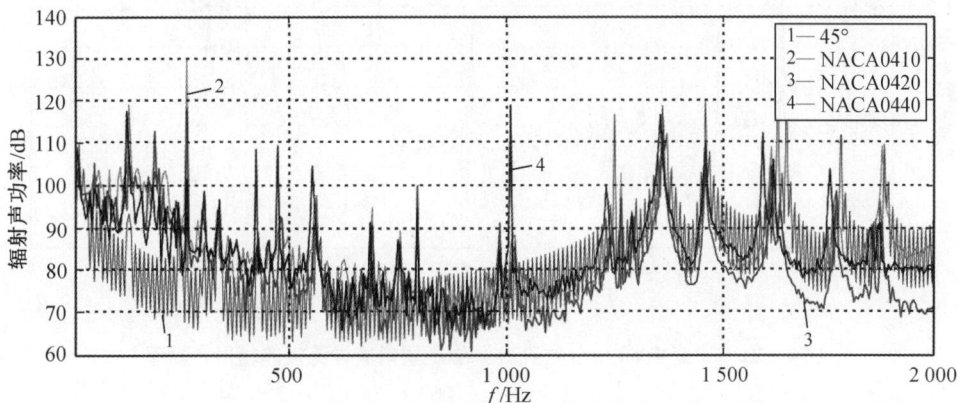

图 4－19　流速 10 m/s 时不同线型后沿倒角的辐射声功率

经建立水下孔腔的模型及开展流场与声场的数值计算,可见:后沿倒角可抑制孔腔的水动力噪声,其抑制效果与角度有关,存在最佳角度;将壁面修改为翼形面会进一步降低孔腔的流激噪声,其抑制效果主要在高频段。

4.3 后沿导流板降噪效果

后沿倒角会改变孔腔的尾流涡系,但是效果并不明显。本部分计算了与来流方向不同夹角的导流板以及不同排列方式导流板降低流激噪声的效果。

4.3.1 不同角度导流板对孔腔流激噪声的影响

由于导流板贴近外流场的底面,故不能使用过高的导流板。设置微型导流板的长为 5 mm,高为 2 mm,与来流方向夹角呈 15°、30° 和 45°,如图 4 – 20 所示。

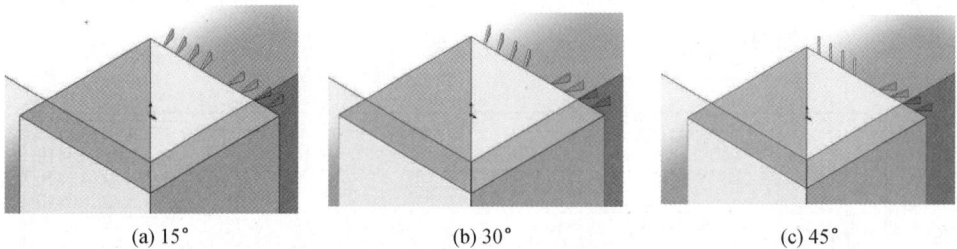

(a) 15°   (b) 30°   (c) 45°

图 4 – 20   导流板的安装方式示意图

孔腔添加不同角度导流板的辐射声功率如图 4 – 21、图 4 – 22 和表 4 – 9、表 4 – 10 所示。

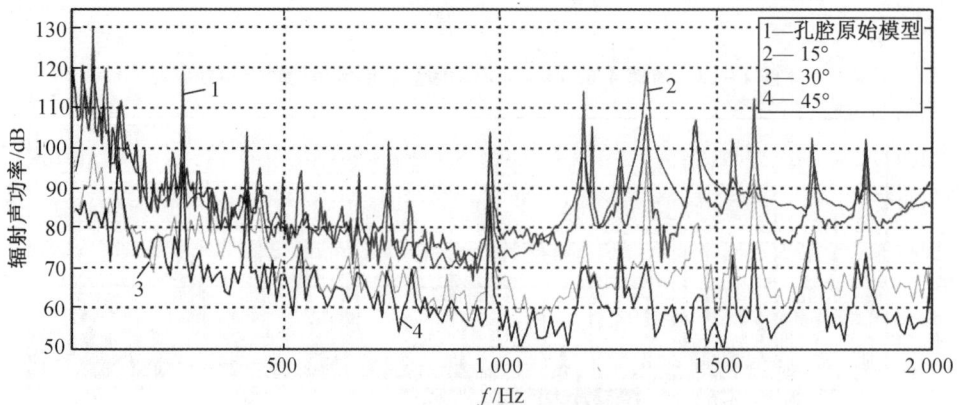

图 4 – 21   流速 4.62 m/s 时孔腔添加不同角度导流板的辐射声功率

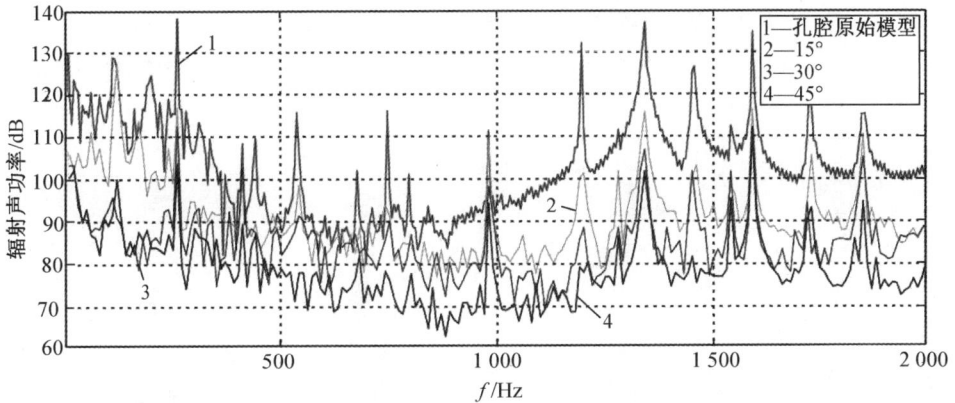

图 4 – 22 流速 10 m/s 时孔腔添加不同角度导流板的辐射声功率

表 4 – 9 流速 4.62 m/s 时孔腔添加不同角度导流板的辐射声功率

导流板角度	辐射声功率级/dB
无导流板	139
15°	136
30°	117
45°	112

表 4 – 10 流速 10 m/s 时孔腔添加不同角度导流板的辐射声功率

导流板角度	辐射声功率级/dB
无导流板	153
15°	140
30°	127
45°	124

　　由图 4 – 21、图 4 – 22 和表 4 – 9、表 4 – 10 可见,导流板降低了孔腔的流激噪声,通过孔腔后部导流板抑制其流激噪声的方法是可行的。水动力噪声的有效抑制频段在 500 Hz 以下、1 000 Hz 以上,导流板对中间频段的噪声抑制效果略差。

　　如图 4 – 23 所示,添加导流板后不同流速下的声场分布存在明显的差别,可见导流板改变声场分布是受流速影响的。

　　由图 4 – 24 可见,导流板对于孔腔后壁前的流场不产生影响,其作用针对后沿随边之后的流场,体现在两个方面:

　　(1)后沿的低压区减弱,即孔腔后沿逆压梯度减小;

　　(2)导流板产生多条高涡量区,类似于涡流发生器。

　　这些涡流能够破坏尾系涡流,但是导流板也受到来流直接冲击,自身也会发声。

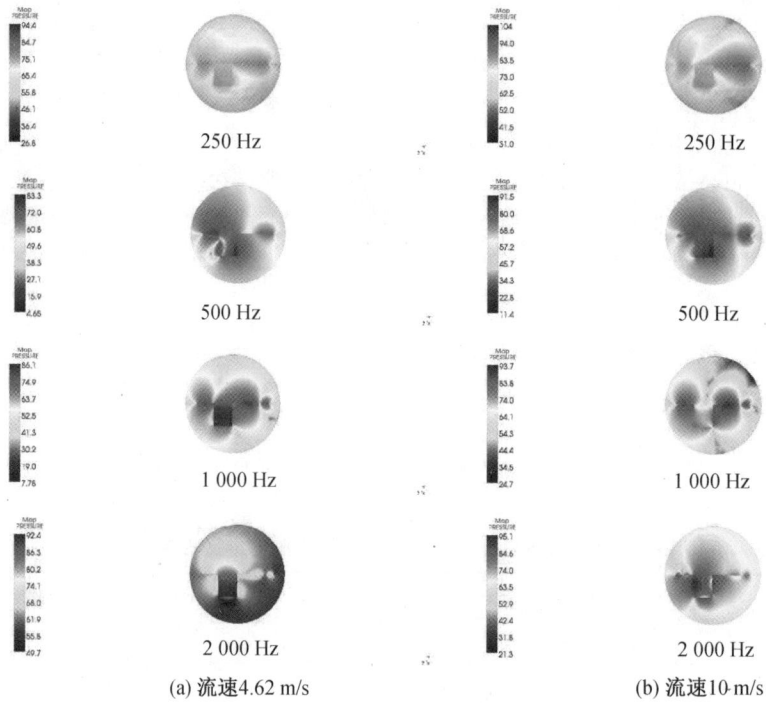

(a) 流速 4.62 m/s (b) 流速 10 m/s

图 4 – 23   使用 15°导流板的孔腔声场分布

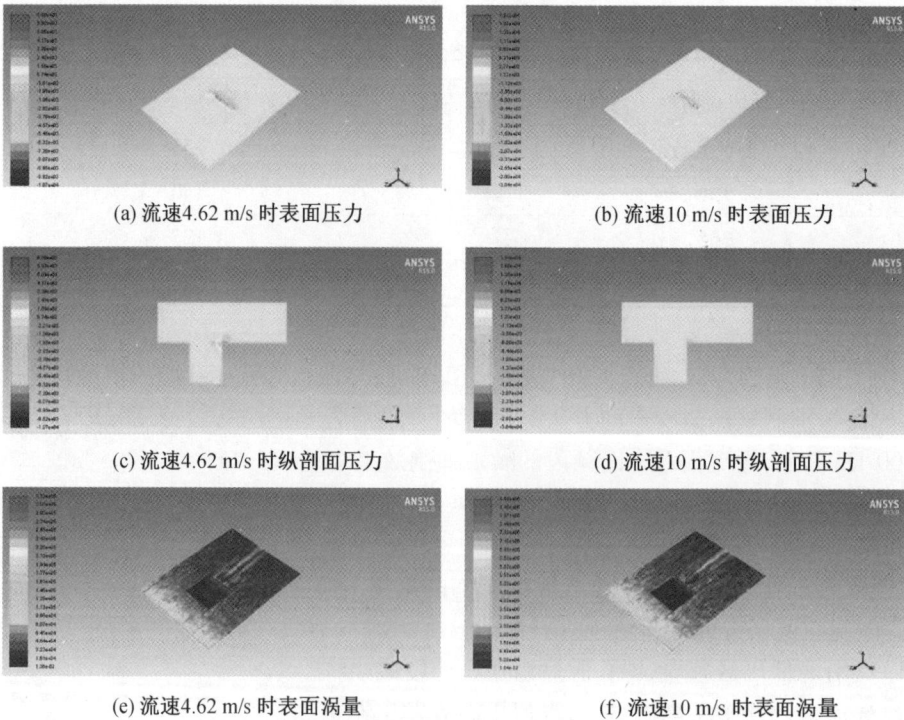

(a) 流速 4.62 m/s 时表面压力

(b) 流速 10 m/s 时表面压力

(c) 流速 4.62 m/s 时纵剖面压力

(d) 流速 10 m/s 时纵剖面压力

(e) 流速 4.62 m/s 时表面涡量

(f) 流速 10 m/s 时表面涡量

图 4 – 24   使用 15°导流板的孔腔流场分布

4.3.2　导流板排列方式的降噪机理

各导流板密集排列,其与附近流体是相互影响的。为此,将导流板排列方式由四个一组、位于腔体两侧对称,变换为两两一组、四组均布在腔体后沿,如图4-25所示。

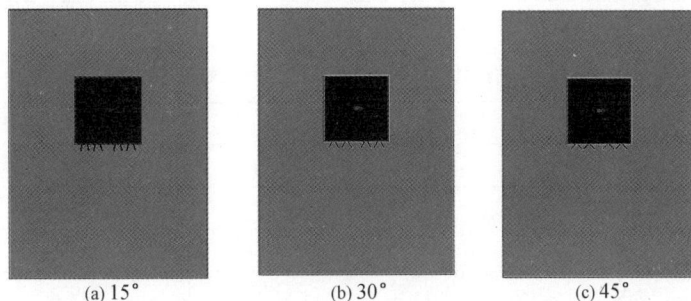

(a) 15°　　　　　　(b) 30°　　　　　　(c) 45°

图4-25　相对放置的导流板

由图4-26、图4-27可见,不同角度导流板降低孔腔噪声的效果不同,小角度导流板控制水动力噪声的效果更优,表明导流板排列方式会降低孔腔的流激噪声。由表4-11和表4-12可见,对置导流板的降噪效果比相向布置导流板要差一些。

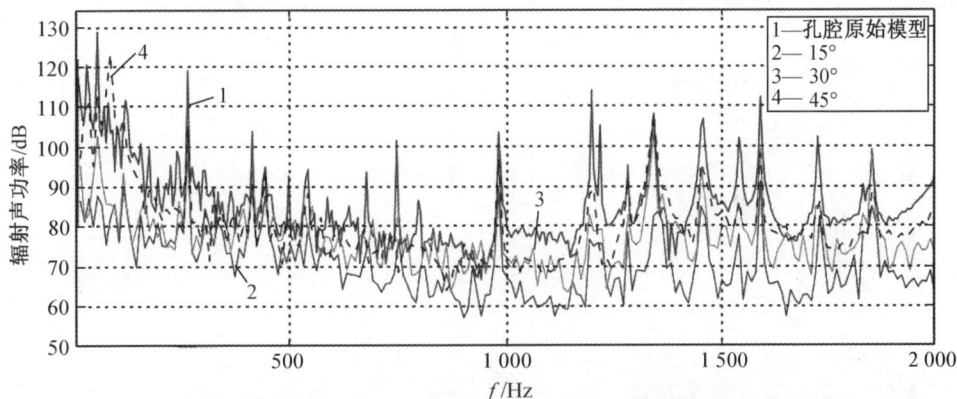

图4-26　流速4.62 m/s时孔腔对置导流板的辐射声功率

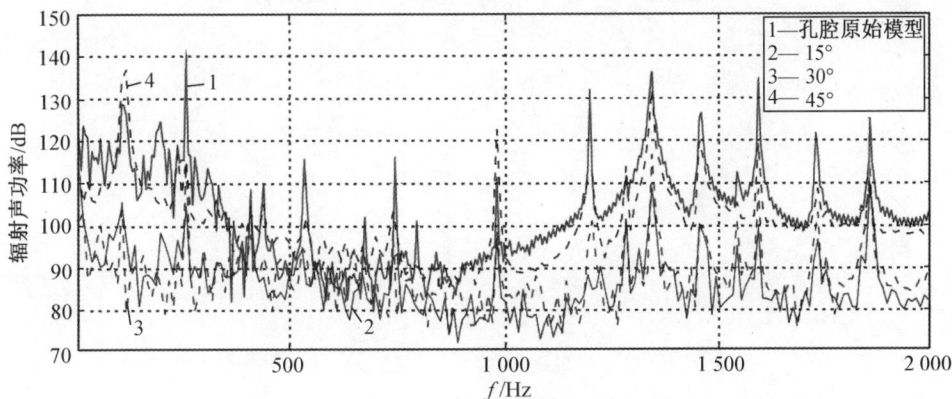

图4-27　流速10 m/s时孔腔对置导流板的辐射声功率

45

表 4 – 11   流速 4.62 m/s 时孔腔对置导流板的辐射声功率

导流板角度	辐射声功率级/dB
原模型	139
15°	113
30°	120
45°	135

表 4 – 12   流速 10 m/s 时孔腔对置导流板的辐射声功率

导流板角度	辐射声功率级/dB
原模型	153
15°	128
30°	131
45°	149

图 4 – 28 为对置 15°导流板的孔腔声场分布。

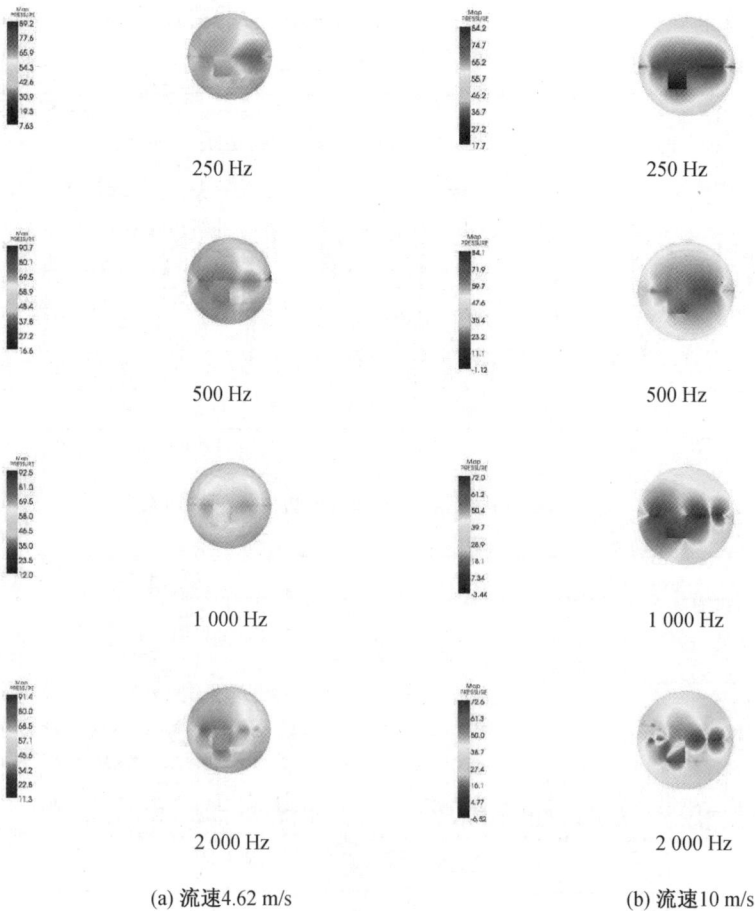

250 Hz   250 Hz

500 Hz   500 Hz

1 000 Hz   1 000 Hz

2 000 Hz   2 000 Hz

(a) 流速4.62 m/s   (b) 流速10 m/s

图 4 – 28   对置 15°导流板的孔腔声场分布

与相向布置导流板下的声场类似,对置导流板下的声场是受流速影响的。此外,相同流速下不同排列方式的导流板产生的声场变化是不同的。如图 4 - 29 所示。

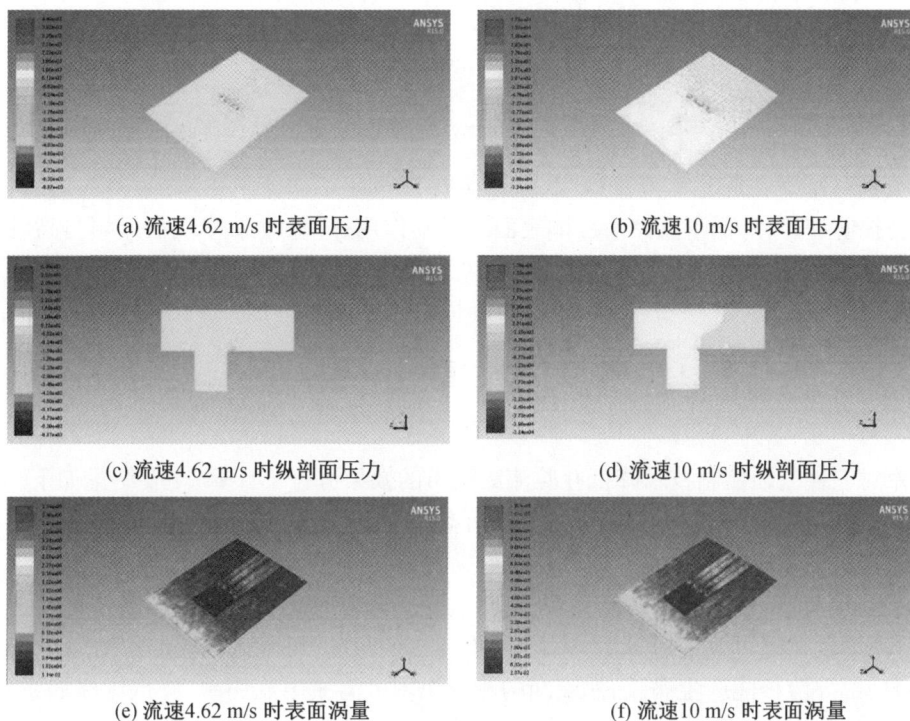

(a) 流速4.62 m/s 时表面压力

(b) 流速10 m/s 时表面压力

(c) 流速4.62 m/s 时纵剖面压力

(d) 流速10 m/s 时纵剖面压力

(e) 流速4.62 m/s 时表面涡量

(f) 流速10 m/s 时表面涡量

图 4 - 29　对置 15°导流板模型的孔腔流场分布

这里分析对置 15°导流板的流场。整体流场与导流板相向排置相似,能够降低腔体开口后沿逆压梯度,不同之处在于涡流带由 8 条合为 4 条,这部分的流场压力较高。

图 4 - 30 为两种放置方式的等涡量图。

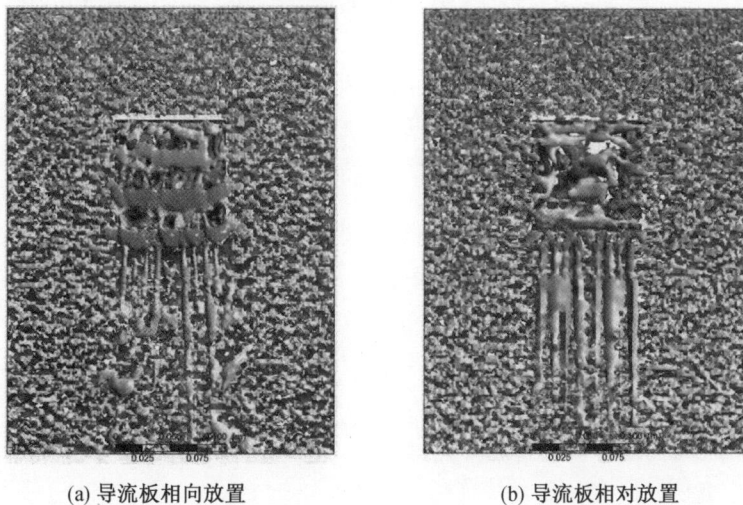

(a) 导流板相向放置

(b) 导流板相对放置

图 4 - 30　两种放置方式的等涡量图

可见,导流板的放置方式对其产生的涡流有一定的影响。相向放置导流板因为自身导流作用,产生的涡流向斜后方延伸;相对放置导流板导流作用两两抵消,产生涡流延伸跟随来流,并且,相对放置导流板的涡流相互融合。

4.3.3 结论

导流板对水下孔腔具有降噪效果,是因为导流板起了涡流发生器的作用,通过将尾流涡系进行提前破碎,降低了流体对腔体表面的激励作用;降噪效果体现在低频与高频部分,对中频部分作用效果弱。导流板的排布方式对孔腔的辐射声功率有影响,但并不明显。

4.4 本章小结

本章对三种流动控制技术降低孔腔流激噪声的效果进行了计算,主要结论如下。

(1)水下孔腔噪声是由于开口处边界层分离、产生湍流,湍流撞击开口随边、形成涡流,随边处涡流运动造成的脉动压力等激励而形成的。

(2)在开口前部施加陷窝可产生湍流,经过孔腔开口时能够抑制边界层分离。

(3)后沿倒角通过改变边界层分离与壁面撞击的角度,可降低孔腔的水动力噪声。

(4)后部导流板能产生涡流,涡流间的相互作用可消减尾流涡系,降低尾流涡系对壁面的脉动压力。

第5章 孔腔水动力噪声抑制
效果的试验验证

5.1 重力式低噪声水洞简介

哈尔滨工程大学拥有水动力噪声试验的专用平台——重力式低噪声水洞。水洞由上水箱、泄水池、管道和阀门组成,通过控制各阀门的开关,实现流速从 1.26 m/s 到 10.28 m/s 可调。工作段的截面为矩形,长 3 m、宽 0.4 m、高 0.4 m。上表面材料为钢,上表面有尺寸为 1.6 m×0.17 m 的开口用来放置模型;左右表面材料为有机玻璃,用来对工作段内流体状态进行观测,且具有良好的透明性。工作段外是混响箱,尺寸为 4 m×3 m×2.5 m。混响箱上部开口,其余面均为玻璃钢,底部与地面之间有隔振措施,以降低地面振动对试验测量的影响。由于玻璃钢特性阻抗与水接近,空气特性阻抗远小于水,可认为混响箱的边界为绝对软。

水洞本身也设置有减振与降噪措施。减振铁砂箱如图 5 - 1 所示。管路消音器如图 5 - 2、图 5 - 3 所示,在工作段两端对称安装,作用是隔离两侧管路受水流冲击引起的振动,消除管路噪声对试验测量的影响;吸收管路中的流噪声,减少进入工作段的管路流噪声。这些措施能有效降低背景噪声对试验测量的影响。

图 5 - 1 减振铁砂箱 　　图 5 - 2 消音器(1) 　　图 5 - 3 消音器(2)

由于在混响箱中须采用混响法测量模型的水动力噪声,下面简单介绍混响法测量声源辐射声功率原理。

5.2 混响法测量声源辐射声功率原理[101]

当混响箱内存在声源时,混响箱内的声能分为两部分:一部分是直达声能,即第一次声

49

波反射前的声能;另一部分是混响声能,即经过第一次反射后所有声波声能的多次叠加。当声源稳定辐射声能量后,直达声能一部分被介质和壁面吸收,其余部分增加混响箱内的混响声能。随混响声能增大,介质和壁面的吸收能力也在增加,当达到动态平衡时,混响箱内的平均声能量密度被称为稳态平均声密度。设声源辐射声功率为 W_0,指向性因素为 Q。Q 的定义为:距声源中心远场的声压平方和等功率的无指向性声源声压的平方之比。在与无指向性声源距离 r 处,声压 P_e 的平方为

$$P_e^2 = \frac{QW_0}{4\pi r^2}\rho_0 c_0 \qquad (5-1)$$

根据文献,稳态混响声场平均声能密度 $\bar{\varepsilon}_R$ 为

$$\bar{\varepsilon}_R = \frac{4W_0}{R_0 c_0} \qquad (5-2)$$

式中,c_0 为声速,R_0 为混响箱常数,$R_0 = S\bar{\alpha}/(1-\bar{\alpha})$。

混响箱常数 R_0 与混响箱的壁面吸收系数 $\bar{\alpha}$ 有关,$\bar{\alpha}$ 越大,R_0 越大。

混响箱中声源在某处产生的直达声平均声能密度表示为 $\bar{\varepsilon}_D$,由于直达声和混响声不相干,混响箱内总平均声能密度可表示为

$$\bar{\varepsilon} = \bar{\varepsilon}_D + \bar{\varepsilon}_R \qquad (5-3)$$

因声源无指向性,直达声的衰减按照球面波规律计算,直达声平均声能密度为

$$\bar{\varepsilon}_D = QW_0/(4\pi r^2 c_0) \qquad (5-4)$$

把式(5-4)、式(5-2)代入式(5-3),同时有 $\bar{\varepsilon} = P_e^2/(\rho_0 c_0^2)$,得到

$$P_e^2 = W_0 \rho_0 c_0 \left(\frac{Q}{4\pi r^2} + \frac{4}{R_0}\right) \qquad (5-5)$$

式(5-5)右边第一项为直达声,第二项为混响声。取 $Q/(4\pi r^2) = 4/R_0$,则临界距离为

$$r = r_h = \frac{1}{4}\sqrt{\frac{QR_0}{\pi}} \qquad (5-6)$$

式中,r_h 为临界距离,在 r_h 处,直达声等于混响声;若 $r > r_h$,混响声起主导作用;若 $r < r_h$,直达声起主导作用;若 $r \gg r_h$,直达声几乎不起作用,该空间被称为混响控制区,此时式(5-5)简化为

$$P_e^2 \approx W_0 \rho_0 c_0 \left(\frac{4}{R_0}\right) \qquad (5-7)$$

若自由场中距声源 1 m 处的声压为 P_f,则

$$W_0 = 4\pi \frac{P_f^2}{\rho_0 c_0} \qquad (5-8)$$

把式(5-8)代入式(5-7)中得

$$P_e^2 = P_f^2 \left(\frac{16\pi}{R_0}\right) \qquad (5-9)$$

如果令 $\langle P_e^2 \rangle$ 代表声压 P_e^2 的空间平均,有

$$\langle P_e^2 \rangle = \frac{1}{2}P_e^2 = P_f^2 \left(\frac{8\pi}{R_0}\right) \qquad (5-10)$$

也可以写作

$$SL = \langle L_P \rangle - 10\lg(R) \qquad (5-11)$$

其中,SL 为声源级;$\langle L_P \rangle$ 为混响控制区的空间平均声压级;$10\lg(R)$ 称为修正量。

$$10\lg(R) = 10\lg\left(\frac{8\pi}{R_0}\right) \qquad (5-12)$$

混响箱常数 R_0 也可以通过混响时间 T_{60} 来表示:

$$R_0 = S(e^{55.2V/T_{60}SC_0} - 1)c_0$$

其中,S 为混响箱除上表面外的壁面总面积;V 为混响箱的体积。

修正量属于混响箱特性,与声源无关。修正量可通过对标准声源以比较法的方式测量,也可利用混响时间进行计算获得。若要获得混响箱中声源的辐射声功率,只要测量混响区的空间均方声压,减去修正量即可。

5.3 试 验 模 型

由于模型制作周期长,只制作了两个模型。试验模型为与数值计算参数一致的原型孔腔,以及采用三种流动控制技术的孔腔模型。由钢质板材与铣削件焊接制成。模型腔体部分与数值计算的模型完全相同,尺寸为 100 mm × 100 mm × 120 mm,安装在 220 mm × 170 mm 的底板上。由于试验环境就会产生很强的流体动力噪声,为不使孔腔产生的噪声被淹没,故改用较薄的壁厚以获得更高的流激噪声,模型壁厚为 3 mm。模型两侧均是水,考虑到水压差,可能会产生射流,对模型采用硅胶垫进行密封。

图 5 - 4、图 5 - 5 分别为原型模型背面、正面。

图 5 - 4　原型模型背面　　　　　　　图 5 - 5　原型模型正面

采用流动控制技术的模型(图 5 - 6、图 5 - 7)规格如下:
(1)倒角深度 20 mm,倒角为 45°,线型为 NACA0420 翼形面;
(2)长 10 mm、高 5 mm 的三角形导流板,孔腔两侧同方向布置,与来流夹角为 15°;
(3)单排陷窝,直径 20 mm、深 8 mm。

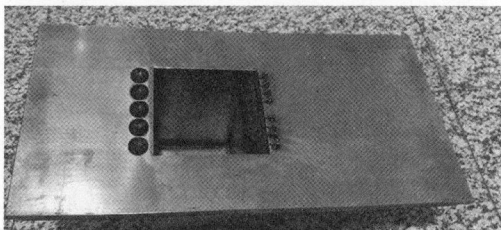

图 5 - 6　采用流动控制技术的模型正面　　　图 5 - 7　采用流动控制技术模型的背面

将孔腔倒置,安装于试验段上表面。为了除去腔体内部的空气,在孔腔底部留有小孔。当水洞内及孔腔内充满水后对小孔进行密封。

孔腔顶面的排气孔如图5-8所示,混响箱内水听器线列阵如图5-9所示。

图5-8 孔腔顶面的排气孔

图5-9 混响箱内水听器线列阵

5.4 试 验 仪 器

试验采用的仪器包括蓄电池、信号采集器、水听器,以及计算机、水听器编成的线列阵,5 个水听器两两间隔 30 cm。

试验模型安装位置如图5-10所示,试验仪器如图5-11所示。

图5-10 试验模型安装位置

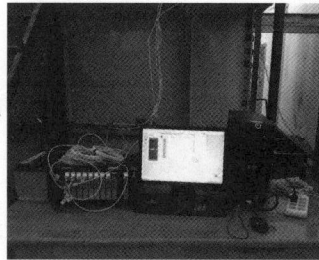

图5-11 试验仪器

5.5 试 验 方 案

将试验模型固定在凸台上,凸台安装于重力式低噪声水洞的上盖板里。使用凸台的原因如下:工作段中流速并不是完全相等的,靠近壁面的流体流速比较低,且流动不稳定,水洞中水溶解有气体,在水洞中运动时,因为压力的变化,容易析出气泡;受重力的作用,气泡流经工作段时是在顶部,使用凸台可以避开气泡的影响。

使用垂直线列阵进行空间平均的方法得到声压,然后计算辐射声功率。垂直线列阵的优势在于只需要在水平方向上移动,就可以实现空间平均。移动水听器要注意保持与工作段和混响箱边界的距离,一般在 0.5 m 以上,使水听器均处于混响控制区之内。

图 5-12 为测量仪器连接示意图。

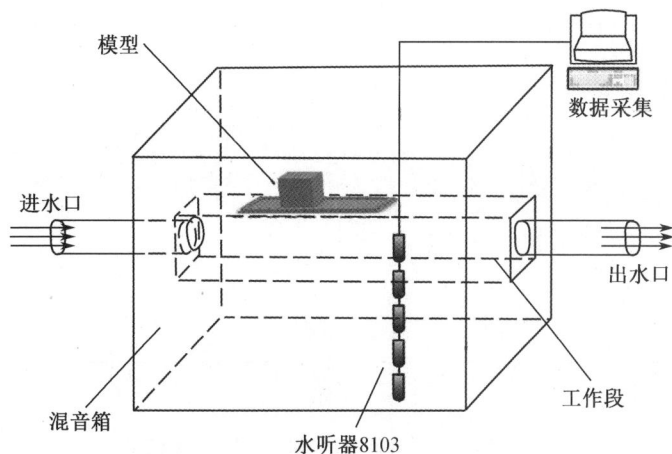

模型

数据采集

进水口

出水口

工作段

混音箱

水听器8103

图 5 – 12　测量仪器连接示意图

5.6　仿真与试验结果

图 5 – 13 为与试验对应的声场仿真模型。对流速 4.62 m/s 和 10 m/s 时孔腔水动力噪声进行测量。

图 5 – 13　与试验对应的声场仿真模型

根据试验模型再次进行数值计算,结果如下。

图 5 – 14 和图 5 – 15 中 1 000 Hz 以上的共振峰比第 4 章中的计算结果要少一些,这是因为试验模型障板的尺寸要小于数值计算中障板的尺寸,这也表明第 4 章中 1 000 Hz 以上频段的共振峰确实是障板受流激励导致的。

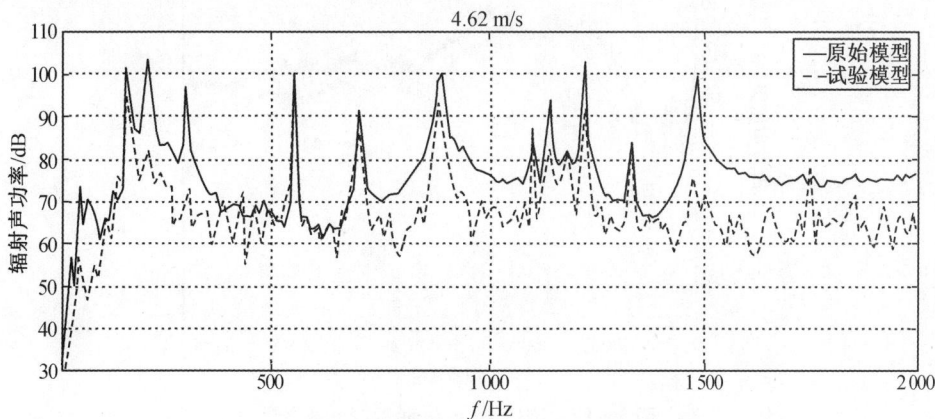

图 5 – 14　试验模型的水动力噪声计算结果

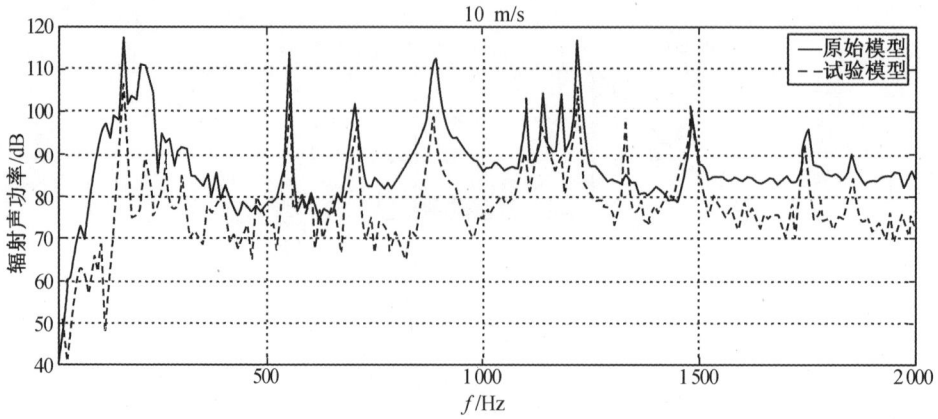

图 5 - 15　试验模型的水动力噪声计算结果

试验结果如图 5 - 16 和图 5 - 17 所示。

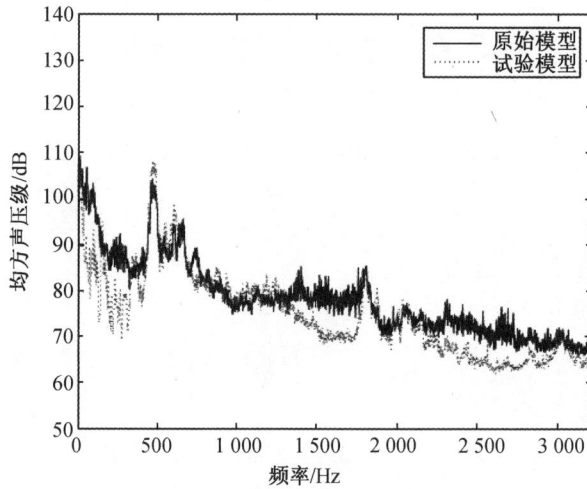

图 5 - 16　流速 4.62 m/s 时试验结果

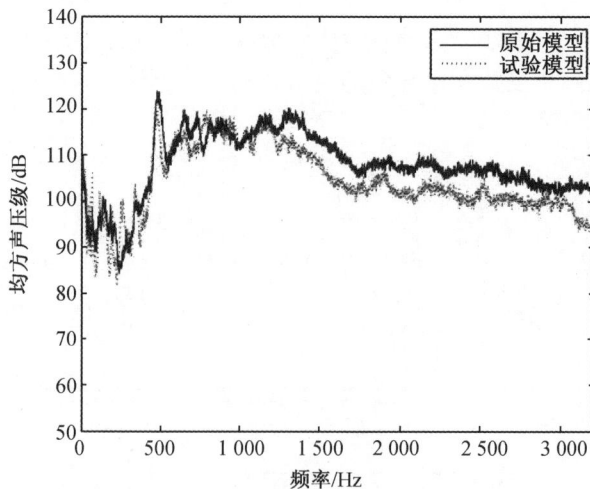

图 5 - 17　流速 10 m/s 时试验结果

图 5-16 和图 5-17 中实线为原型模型的均方声压,虚线为添加三种流动控制技术的孔腔模型均方声压。因为混响箱对辐射声功率的修正值是一个常量,故可以用测得的均方声压级来得到降噪效果。

流速 4.62 m/s 时原型模型的均方声压级为 120.15 dB,采用流动控制技术后模型的均方声压级为 119.7 dB;流速 10 m/s 时原型模型的均方声压级为 132.16 dB,采用流动控制技术后模型的均方声压级为 129.95 dB。这些数据表明:所提出的陷窝、后沿倒角、导流板具有抑制孔腔水动力噪声的作用,特别是在 1000 Hz 以上时,单频点降噪量可达 5 dB 以上。

试验结果与数值计算结果有一定差异,其原因如下。

(1)混响箱的截止频率约为 500 Hz,在截止频率以下,混响箱内的水听器没有接收到孔腔所辐射的水动力噪声,使得试验测量得到的辐射声功率明显偏低;

(2)所采集噪声不仅有模型产生的水动力噪声,还有水洞自身的水动力噪声,试验结果是二者的叠加;

(3)流速是水洞标的流速,受多组球阀控制,由于球阀存在开阀不到位的情况,获得流速与标称值有误差;

(4)试验中孔腔的障板比数值计算中孔腔的障板要小一些,因此,障板的共振峰比数值计算中的少。

5.7 本章小结

本章开展了试验测量,结论如下。

添加陷窝、倒角和导流板的孔腔的水动力噪声比原型孔腔的水动力噪声有所降低,1 000 Hz 以上降噪大于 5 dB(单频点),证明这三种流动控制技术可用于水下孔腔水动力噪声的治理。

受到重力式低噪声水洞工作段尺寸的限制,所研究的孔腔相比于水下航行器上的流水孔尺寸要小得多,即受到缩比率的影响。但是,可以预计若采用这三种流动控制技术进行实际孔腔的降噪,其效果肯定会优于本试验结果。

第6章 指挥台围壳流激噪声特性分析

6.1 物理模型

指挥台围壳的流激噪声具有典型的代表意义。传统的研究多以孤立的指挥台围壳为主,忽略了指挥台围壳与艇身结合处的复杂流动激励指挥台围壳产生的流激噪声。本章将以指挥台围壳 – 艇身结构为研究对象,其类似于气动声学中的叶片 – 角区结构,可完整包含艇身与指挥台围壳三维角区的复杂三维流动现象,能够得到不稳定流动产生并施加至指挥台围壳的湍流脉动压力。图 6 – 1 为 SUBOFF 指挥台围壳模型,图 6 – 2 为指挥台围壳 – 艇身模型,按 SUBOFF 潜艇进行缩比,比例为 1∶48,模型长度 $L = 1.59$ m,指挥台围壳可看作翼型,弦长 $c = 0.184$ m、高度 $h = 0.11$ m。

图 6 – 1 SUBOFF 指挥台围壳模型

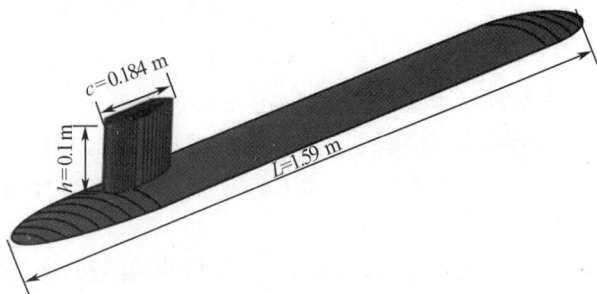

图 6 – 2 指挥台围壳 – 艇身模型

6.2 计算方法

本书使用多种前处理软件(ICEMCFD 和 Solidworks 等)完成三维模型设计、流场和声场网格划分,使用软件 Fluent 及 ACTRAN 来计算流激噪声。

6.2.1 计算域的建立与网格划分

建立如图 6 – 3 所示的长方形流场域,来流方向取 1L,尾流方向取 2L,流场宽度为 6c、高度为 3c,以使湍流充分发展。计算域由速度入口($v = 8.68$ m/s)、压力出口、对称外边界与固壁表面四部分组成。

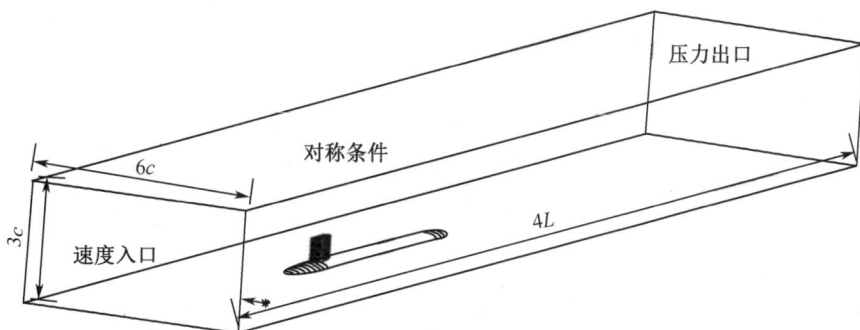

图6-3　流场计算域示意图

在指挥台围壳-艇身模型外建立半径为1.5 m的球域,模型定义为不锈钢,厚度为3 mm,外介质为水,球外表面为无限元边界。使用ICEMCFD进行声场网格划分,为满足计算要求,网格的最大尺寸为1/10波长,即0.075 m,图6-4为声场计算模型。

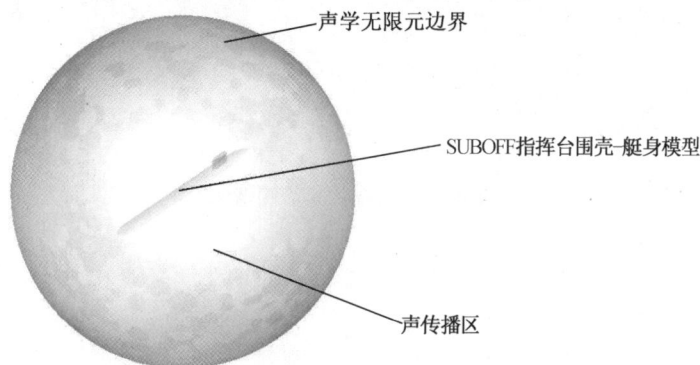

图6-4　声场计算模型

使用ICEMCFD划分流场计算域网格,因指挥台围壳形状复杂,流场计算工况多,为加快计算速度,采用四面体非结构化网格进行网格划分,对模型的周边流场进行加密网格处理。

为提升计算速度,需要对网格的无关性进行检验。即当网格量超过一个数值时,CFD计算结果不随着网格量的变化而变化,可认为此网格量适用于CFD分析计算。受时间与计算能力限制,采用稳态网格的无关性验证替代LES的网格无关性验证。

本书计算了100万、150万、200万、250万、300万、350万、400万网格下的模型阻力值。表6-1为不同网格量下的阻力值。当网格量小于200万时,模型阻力值与大网格量下差别较大;当网格量大于250万时,各网格量模型的阻力值差别较小。故选用300万的网格量进行稳态与LES的流场计算,图6-5为流场计算的网格图。

表 6 - 1 不同网格量下的阻力值

网格量	阻力值/N
100 万	33. 900 4
150 万	34. 186 2
200 万	34. 982 1
250 万	35. 698 1
300 万	35. 698 3
350 万	35. 697 9
400 万	35. 698 6

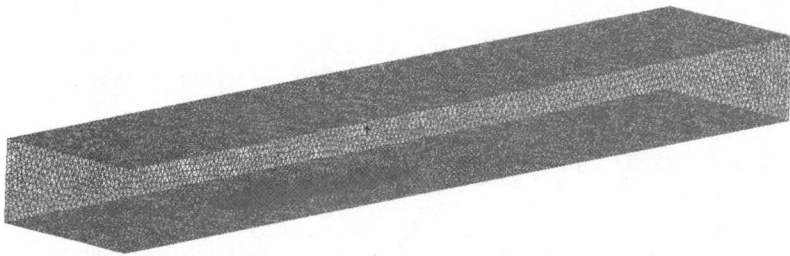

图 6 - 5 流场计算的网格图

6.2.2 y^+ 值的确定

标准 $k - \varepsilon$、RNG $k - \varepsilon$、Realizable $k - \varepsilon$ 等模型须针对充分发展的湍流,只适用于求解湍流核心区。壁面区流动变化大,黏性底层流动为层流,不能使用上述模型求解此区域的流动。解决途径有:一是采用壁面函数法,对湍流核心区采用 $k - \varepsilon$ 模型求解,对壁面区不求解,使用半经验公式计算湍流核心区与壁面区,划分网格时,只需把第一层网格划分在湍流核心区域,不需要在近壁区加密;二是采用低雷诺数 $k - \varepsilon$ 模型求解黏性较明显的区域,但须在近壁区划分细密网格。图 6 - 6 为这两种途径所对应的计算网格。

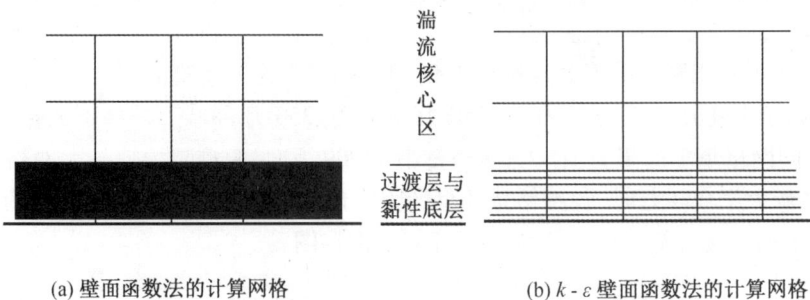

(a) 壁面函数法的计算网格   (b) $k - \varepsilon$ 壁面函数法的计算网格

图 6 - 6 求解壁面区流动的两种途径所对应的计算网格

本书采用壁面函数法结合 RNG$k-\varepsilon$ 模型计算流场稳态,以获得近似的阻力值,而 y^+ 值的选择对数值计算的准确性非常重要。

通过 LES 方法计算缩比率为 $1:24$ 的 SUBOFF 全附体模型在不同 y^+ 值下的阻力值。表 6-2 为不同 y^+ 值下 SUBOFF 模型阻力数值计算值。SUBOFF 模型阻力的试验值为 102.3 N,可见:当 $y^+ < 50$ 时,SUBOFF 模型阻力数值计算值是最接近试验值的。

表 6-2 不同 y^+ 值下 SUBOFF 模型阻力数值计算值

y^+ 范围	阻力数值计算值/N
$y^+ < 50$	102.0
$y^+ < 100$	109.3
$y^+ < 250$	120.2
$y^+ < 300$	98.1

为进一步提高计算精度,控制 $y^+ < 35$,$Re = 1.6 \times 10^7$,应用下式求解得到边界层第一层网格厚度 Δy_p 为 0.000 1 m。

$$\Delta y_p = \frac{Ly^+}{0.172\,Re^{0.9}} \qquad (6-1)$$

使用软件 Fluent 计算流场稳态,计算收敛后,得到图 6-7 所示的 SUBOFF 模型表面 y^+ 云图。可见:SUBOFF 模型表面 y^+ 最大值控制到了 35 以内,符合计算要求。

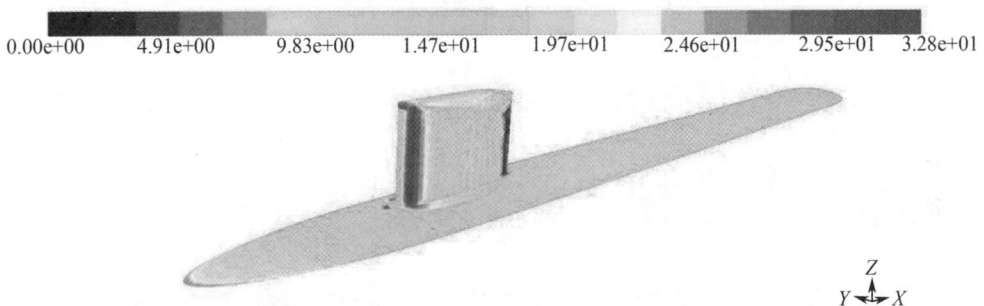

图 6-7 SUBOFF 模型表面 y^+ 云图

6.2.3 流场与声场数值计算方法

首先,通过 RNG$k-\varepsilon$ 模型完成流场的稳态计算,在此基础上,采用 LES 方法完成流场瞬态计算。最大分析频率为 2 000 Hz,由式(6-2)可得:LES 方法的时间步长 t 为 0.000 25 s。

$$f_{max} = \frac{1}{2\Delta t} \qquad (6-2)$$

在稳态计算时,采用二阶迎风法进行压力和动量空间离散。在采用 LES 方法时,采用中心差分方法空间离散动量,采用二阶迎风法空间离散湍流动能和湍流耗散率,采用二阶隐式法进行时间离散。在采用 LES 方法时,采用 PISO 算法进行压力与速度的耦合。

完成以上计算后,将流场数据导入 ACTRAN 中的 ICFD 模块,对流场结果进行插值与傅里叶变换,并对流场与声场的网格信息完成插值映射,把模型表面的湍流脉动压力提取为模型表面的激励力。计算起始频率为 10 Hz,截止频率为 2 000 Hz,分辨率为 5 Hz,采用 AC-TRAN 直接频响计算模块 Mumps 求解器计算模型的流激噪声,采用的方法为有限元结合无限元。

6.3 指挥台围壳流动特性分析

设置参考截面,如图 6-8 所示,以分析流场与声场。A 截面位于模型指挥台围壳高度的中心,B 截面位于模型指挥台围壳厚度的中心,C 截面位于模型指挥台围壳宽度的中心。

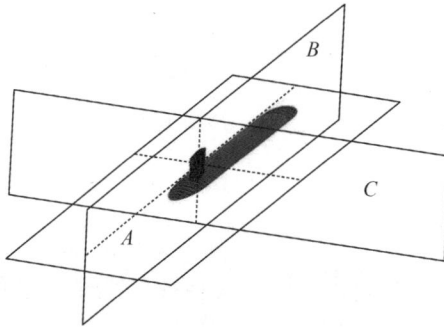

图 6-8　参考截面示意图

6.3.1　指挥台围壳时均流动特性分析

首先,指挥台围壳艏部的压力云图如图 6-9 所示,可见,指挥台围壳前缘与艇身结合处存在着逆压梯度,前缘处表面压力最大,此处为流动的驻点。

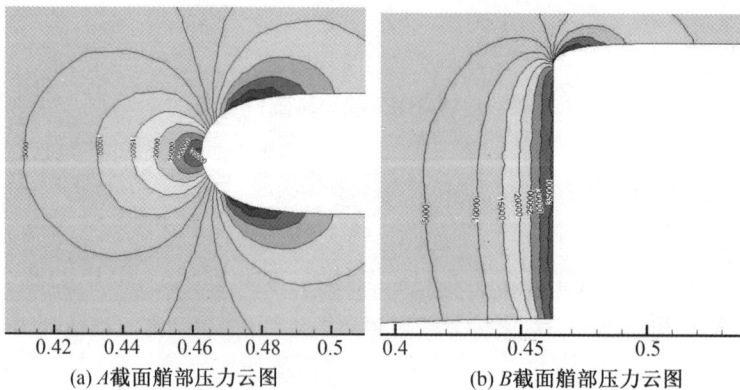

(a) A 截面艏部压力云图　　(b) B 截面艏部压力云图

图 6-9　指挥台围壳艏部的压力云图

A 截面的压力云图、速度云图与湍流动能云图如图 6-10 所示,可见:由指挥台围壳前缘向两侧,压力逐渐减小;与前缘弦向距离为 0.006 m 处指挥台围壳表面的压力最小,此区域即为转捩区,转捩区后指挥台围壳表面的压力不断增大。由伯努利方程知,指挥台围壳驻点的速度最小,向下游变化至转捩点时,速度不断变大,到达转捩点时,速度为最大,经过转捩点后速度不断减小。受模型壁面阻力的影响,会在表面形成边界层。边界层的厚度为边界流速达到 0.99 倍来流速度时与壁面之间的距离,因转捩点前速度大,故转捩点前的边界层厚度小,随着流动速度的降低,转捩点后边界层的厚度将不断增加,并产生明显的尾流与涡,不断向下游传播。在艏部与尾缘处,均具有较高的湍流脉动压力。

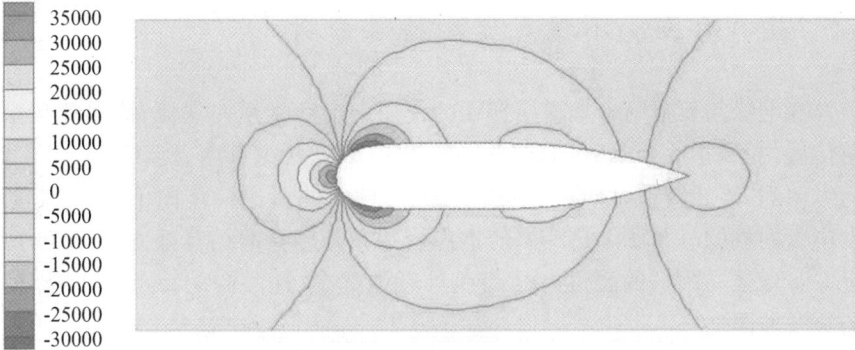

(a) A 截面压力云图

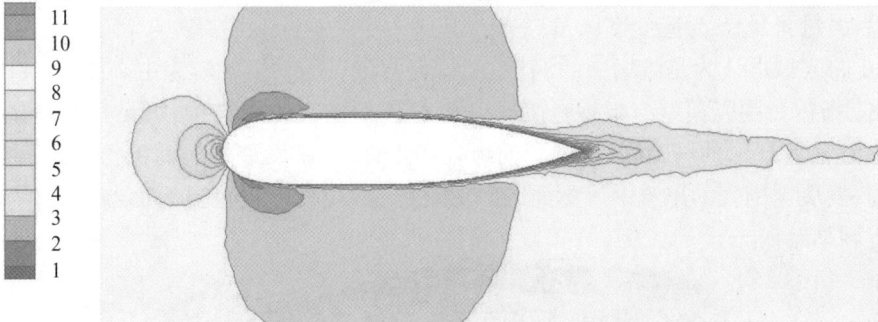

(b) A 截面速度云图

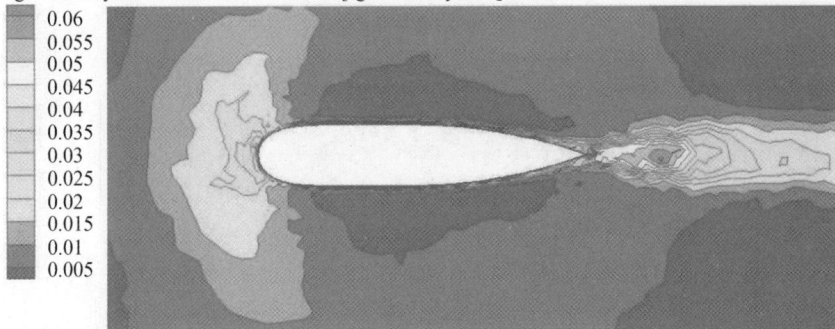

(c) A 截面湍流动能云图

图 6-10 A 截面的压力云图、速度云图和湍流动能云图

观察图 6 - 10 所示的 A 截面速度云图与湍流动能云图,可见:前缘驻点、表面边界层分离以及尾涡脱落形成的尾迹均为高湍流动能区域,这些区域的湍流脉动压力较大,因这三类流动现象都是不稳定的,对指挥台围壳进行激励会产生较强的流激噪声。当流动受到指挥台围壳的阻碍时,在前缘驻点位置会形成马蹄涡现象并向下游传播,与其他流动现象相比,这是围绕指挥台围壳的主要流动现象。因此,上述产生脉动压力的流动现象可归结为马蹄涡、边界层分离以及尾涡脱落,下面逐一分析这些流动现象产生的流激噪声特性。

6.3.2　指挥台围壳不稳定流动特性分析

上游流体在前缘与艇身结合处逆压梯度的作用下会产生横向涡流,该涡流在来流的冲击下向下游传播,受到指挥台围壳的阻碍,在艏部向围壳两侧弯曲,旋转方向发生偏转,由横向涡变为纵向涡,流经转捩区时,流体速度增大,使纵向涡进一步向下游运动,形成了包围在指挥台围壳两侧的马蹄涡。马蹄涡使指挥台围壳与艇身的结合处发生流动分离,流动分离又会进一步增强马蹄涡的强度。马蹄涡具有强度高、耗散弱的特点,是诱导模型产生流激噪声的重要原因之一。

为了直观显示马蹄涡,采用 Q 准则作为涡判定依据,有

$$Q = \frac{1}{2}(\parallel \Omega \parallel^2 - \parallel S \parallel^2) \tag{6-3}$$

式中,Ω 为涡量张量;S 为应变率张量。

$Q > 0$ 的区域可认为是流场中的涡核心区,表明该点运动以旋转为主。图 6 - 11 为 $Q =$ 500 时孤立指挥台围壳模型与指挥台围壳 - 艇身模型的三维涡结构,可见指挥台围壳 - 艇身模型中沿着呈 U 形的马蹄涡,自围壳前缘处产生,向下游发展时涡面保持稳定,存在着粗壮的涡腿,发展至围壳的尾流中。然而,孤立指挥台围壳模型仅可见表面与尾部的涡结构,无法捕捉到马蹄涡。

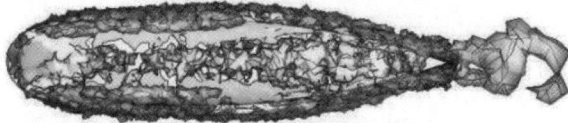

(a) 孤立指挥台围壳模型

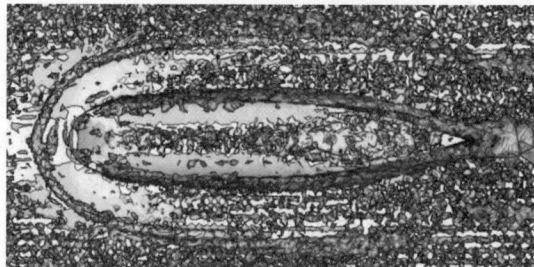

(b) 指挥台围壳-艇身模型

图 6 - 11　$Q = 500$ 时孤立指挥台围壳模型与指挥台围壳 - 艇身模型的三维涡结构

在顺压梯度运动时,流体的一部分压力能转化为动能,虽受到黏性力作用,但仍然具有足够动能继续运动。通过转捩点后,动能转化为压力能,黏性力引起的阻滞也不断消耗动能,最终流体质点倒流,倒流与主流相互碰撞,将边界层与模型表面分开,这一现象即为边界层分离现象。

边界层分离产生的漩涡结构受来流的冲击将向下游不断耗散,模型两侧面的涡系在尾缘处合为一体,形成交错发放的涡,在尾缘处的涡将会脱落,产生变化的脉动力。下面给出不同时刻尾涡脱落的情况,如图6-12所示。

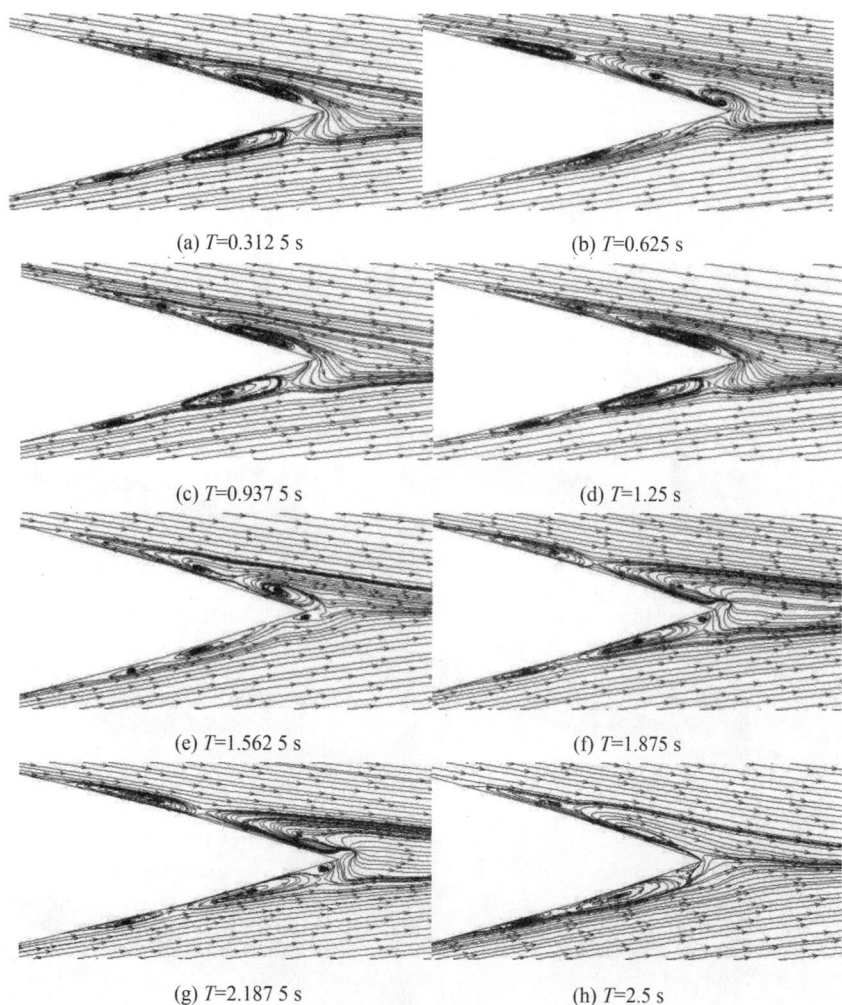

(a) T=0.312 5 s　　　　　　　　　(b) T=0.625 s

(c) T=0.937 5 s　　　　　　　　　(d) T=1.25 s

(e) T=1.562 5 s　　　　　　　　　(f) T=1.875 s

(g) T=2.187 5 s　　　　　　　　　(h) T=2.5 s

图6-12　指挥台围壳尾缘处不同时刻的流线图

由图6-12可见:因边界层分离产生的回流及大尺度的漩涡结构在尾缘处形成,并向下游脱落。在图6-12(a)所示时刻,尾缘左侧形成一个大分离涡,右侧已经形成三个分离涡,包括最上游位置的大分离涡及靠近尾缘的两个小分离涡,小分离涡开始在尾缘处脱落;在图6-12(b)所示时刻,尾缘左侧大分离涡向下运动,上游处开始形成另一个分离涡;在图6-12(c)所示时刻,尾缘左侧的两个分离涡已经脱落,尾缘右侧的大分离涡开始向下游运动;在图6-12(d)所示时刻,左侧大分离涡开始脱落,右侧大分离涡向下游运动;到图

6-12(e)所示时刻,尾缘两侧的大分离涡已经脱落,新的小分离涡形成,开始新一轮的尾涡脱落。通过观察图6-12(f)到图6-12(h)三幅瞬时流线图,可以做出判断:这是一个小涡形成、脱落,大涡形成、脱落的准周期性过程。

综上所述,当来流流经指挥台围壳后,将会产生马蹄涡、边界层分离和尾涡脱落这三种不稳定的流动现象,并且由此不稳定流动产生的脉动压力将激励指挥台围壳产生流激噪声。

6.4　指挥台围壳流激噪声分析

6.4.1　指挥台围壳脉动压力分析

对流场计算结果进行傅里叶变换,将时域的脉动压力转化为频域的脉动压力,得到不同频率下的脉动压力云图,如图6-13所示。研究频率为10~2 000 Hz。其中,1 000 Hz以下称为低频,1 000 Hz以上称为高频。

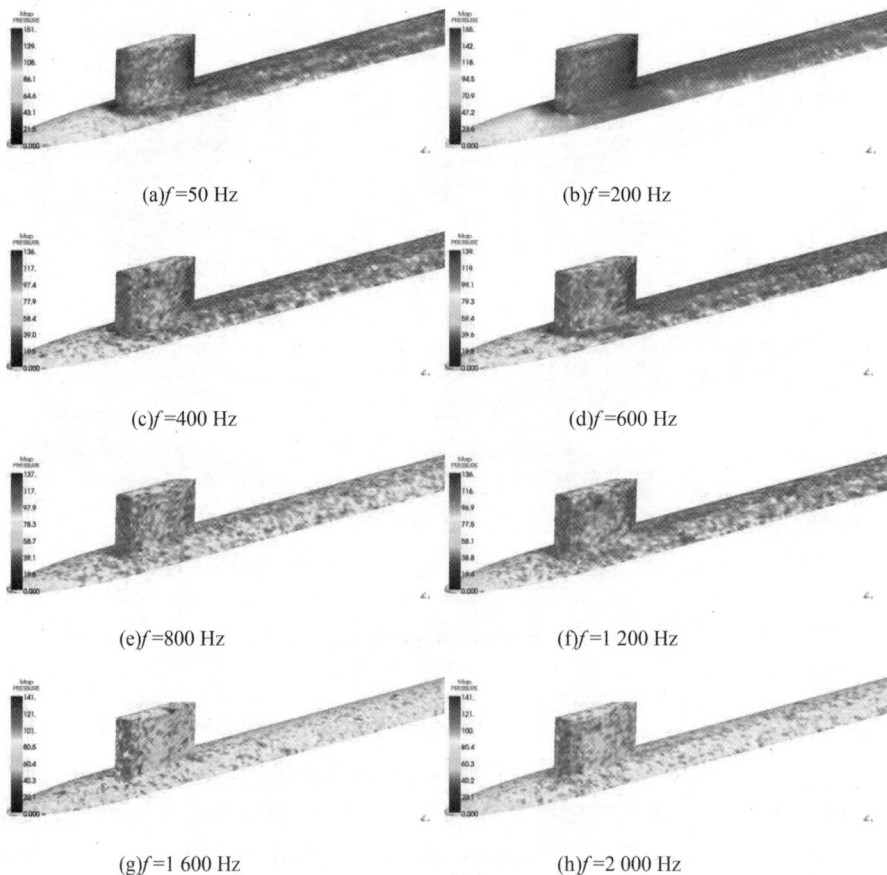

(a)f=50 Hz

(b)f=200 Hz

(c)f=400 Hz

(d)f=600 Hz

(e)f=800 Hz

(f)f=1 200 Hz

(g)f=1 600 Hz

(h)f=2 000 Hz

图6-13　不同频率下的脉动压力云图

由图 6-13 可见,在图 6-13(a)、图 6-13(b)、图 6-13(c)中,指挥台围壳脉动压力最大的区域与马蹄涡产生、发展与消散的区域一致,因此,在低频范围内的较高脉动压力是由马蹄涡引起的;当频率 $f > 500$ Hz 时,马蹄涡引起的脉动压力变小。据此可以得出结论:马蹄涡导致的流激噪声主要在 $f < 500$ Hz 的频率范围内。

由图 6-13,还可以发现:在大部分频率处,指挥台围壳尾部的脉动压力较大,边界层分离是流体从层流变化为湍流,并在尾部分离的现象。在这个过程中,将会产生一部分较大的涡与一部分较小的涡,涡与其激励产生噪声的频率尚无定量关系,但是通过数值模拟、试验测量、经验公式推导得到的结论一致认为:涡结构大,产生的噪声频率低[103-105]。因此,边界层分离将产生全频段的噪声。

尾涡准周期性地在指挥台围壳尾缘脱落,会产生特定频率的噪声,尾涡脱落频率可由下式估计:

$$f = \frac{St \cdot U}{C} \tag{6-4}$$

式中,St 为斯特劳哈尔数,U 为来流速度,C 为模型特征长度。

根据模型参数,可计算得到脱落频率为 595 Hz,在此频率的噪声为尾涡脱落噪声。图 6-13(d)中尾缘处的较高脉动压力可以认为是尾涡脱落激励指挥台围壳引起的。

6.4.2 指挥台围壳流激噪声的近场特性

为分析指挥台围壳的流激噪声特性,设置如图 6-14 所示的场点。其中,a、c、e、g、i、k、m 点位于 A 截面,a 点在前缘,c 点在 1/8 弦长处,e 点在转捩区,g 点在 1/2 弦长处,i 点在 3/4 弦长处,k 点在 9/10 弦长处,m 点位于尾缘;b、d、f、h、j、l、n 点位于指挥台围壳与艇身结合处,与 a、c、e、g、i、k、m 点位置一一对应。

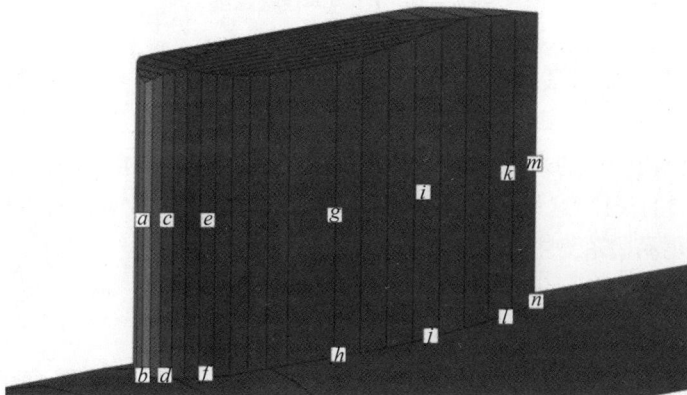

图 6-14 场点设置示意图

图 6-15 为 a、b 点声压级曲线,图 6-16 为 i、j 点声压级曲线。

由图 6-15 可见:a、b 点声压级的变化趋势大致相同,低频下 b 点声压级大于 a 点,这是因为 b 点在指挥台围壳与艇身结合处,更易受到马蹄涡的激励作用。在前缘部分的 c、d、e、f 点也有相同规律,这说明指挥台围壳前缘部分的流激噪声主要是由马蹄涡的激励导致的。

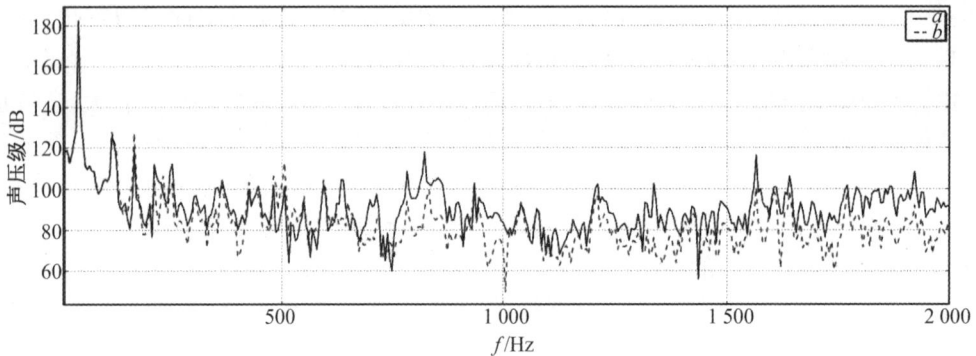

图 6 – 15 a、b 点声压级曲线

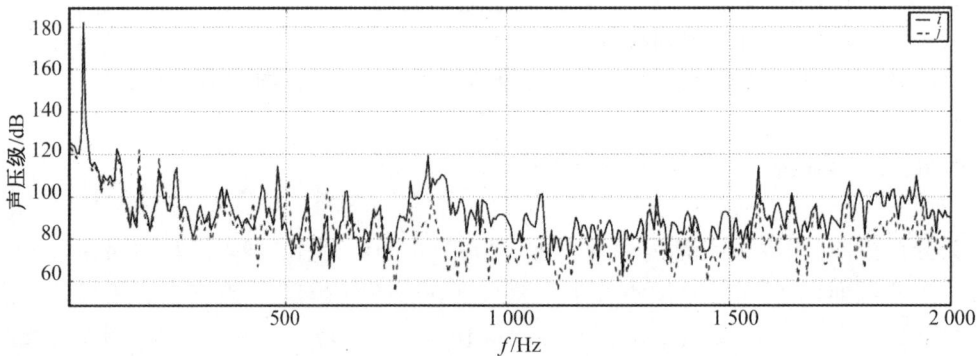

图 6 – 16 i、j 点声压级曲线

由图 6 – 16 可见:低频段 i 点的声压级小于 j 点,这是因为 j 点受到马蹄涡激励作用更大;随频率升高,i 点的声压级大于 j 点,这是因为 i 点更接近边界层分离与尾涡脱落的位置,因此,高频段流激噪声的来源为边界层分离及尾涡脱落。i 点的总声压级大于 j 点,且 k、l、m、n 点也有相同的规律,这说明尾缘受到马蹄涡的激励减小,此处指挥台围壳的流激噪声以边界层分离和尾涡脱落为主。

6.4.3   指挥台围壳流激噪声的远场特性

模型辐射声功率级曲线如图 6 – 17 所示。随着频率的升高,辐射声功率级整体呈减小趋势;在 $f = 45$ Hz 时,辐射声功率级最大;在 $f = 45$ Hz、$f = 210$ Hz 处存在着两个峰值,这是由马蹄涡引起的;由式(6 – 4)可得到,在 $f = 595$ Hz 处的峰值是尾涡脱落造成的。因此,这与前面的近场分析结论是相吻合的。

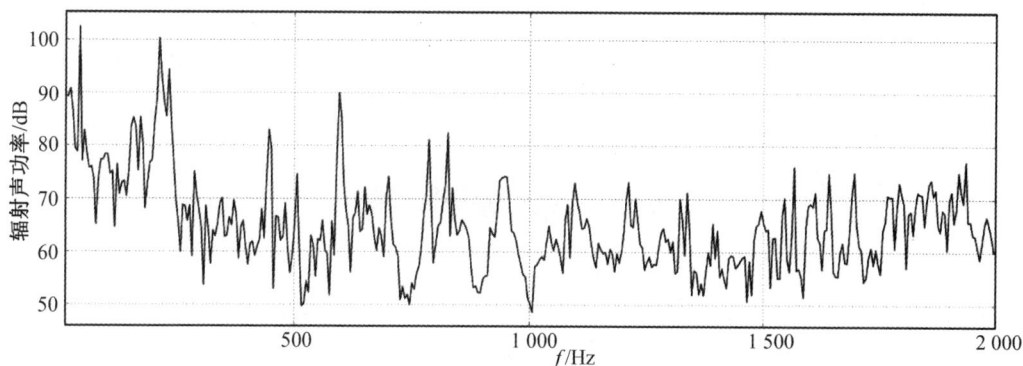

图 6 - 17 模型辐射声功率级曲线

6.4.4 与孤立指挥台围壳流激噪声特性的对比

建立基于 SUBOFF 模型的孤立指挥台围壳模型,缩比率为 1:48。采用相同的方法开展流激噪声的计算,孤立指挥台围壳模型与指挥台围壳 - 艇身模型的辐射声功率对比如图 6 - 18 所示。两者存在较大的差异,指挥台围壳 - 艇身模型的流激噪声随着频率增大而不断减小,而孤立指挥台围壳在低频处的辐射声功率较低。其原因是:孤立指挥台围壳模型仅包含边界层分离与尾涡脱落两大类不稳定流动现象,忽略了指挥台围壳与艇身结合处产生的马蹄涡所造成的流激噪声。因为马蹄涡激励指挥台围壳所产生的流激噪声在低频段,所以孤立指挥台围壳模型的低频段流激噪声小于包含艇身结构的指挥台围壳 - 艇身模型的流激噪声,与前面的结论吻合。

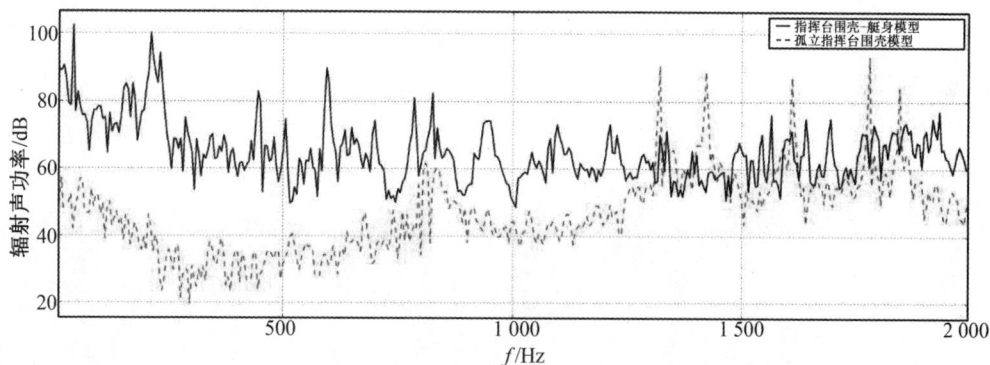

**图 6 - 18 孤立指挥台围壳模型与指挥台围壳 - 艇身模型的
辐射声功率对比**

在高频段,由于孤立指挥台围壳模型没有嵌入艇体,相当于孤立指挥台围壳处于自由状态,当尾涡从指挥台围壳尾缘周期性脱落时,由此激励指挥台围壳产生的辐射声功率在高频段有多个峰值。但是,依据式(6 - 4)计算得到的尾涡脱落频率只能是一个值,参考6.4.3小节的声学远场特性分析可知,在高频段的辐射声功率应该只有一个峰值,这与图6 - 18 得到的结果相矛盾。因此,采用孤立指挥台围壳模型进行流激噪声特性的研究,与实际的指挥台围壳的声学特性相差较大。本书虽然采用的是指挥台围壳 – 艇身的局部模型，但是保留了可产生马蹄涡的三角区，加上艇身对指挥台围壳的"嵌定"作用，所得到的流动现象和声学特性更加符合实际情况。

6.5　本章小结

本章对流体质点流经指挥台围壳产生的不稳定流动现象进行了分析，提取湍流脉动压力作为激励力，求解其流激噪声辐射声场，结果表明：

（1）因指挥台围壳与艇身结合处的逆压梯度将会产生马蹄涡，表面的逆压梯度将会在指挥台围壳表面产生边界层分离，尾缘处交错发放形成准周期性的脱落涡，组成了指挥台围壳的三大类不稳定流动现象。

（2）指挥台围壳流激噪声主要来源于马蹄涡、边界层分离与尾涡脱落的激励作用，马蹄涡激励产生的噪声以 $f < 500$ Hz 频率范围为主；边界层分离激励产生的噪声存在于各个频率段；在脱落涡频率处，尾涡准周期性的激励产生较强的辐射噪声。

（3）在指挥台围壳前缘部分，马蹄涡强度大，其对流激噪声的贡献大于边界层分离与尾涡脱落；随着频率增大，马蹄涡贡献变小，流激噪声不断减小；在指挥台围壳尾缘部分，边界层分离产生的涡结构成为流激噪声的主要贡献者，特别是当边界层分离产生涡结构脱落与其特征频率相吻合时，会产生新的峰值。因此，指挥台围壳的辐射噪声以线谱和宽带连续谱为主。

第7章 机械式涡流发生器抑制水动力噪声研究

7.1 机械式涡流发生器的模型

由第6章可知,抑制马蹄涡的强度可有效减小指挥台围壳低频段的流激噪声。抑制马蹄涡的方法分为两种:一是在源头处设计流动控制装置为边界层注入能量,减小指挥台围壳与前缘处的逆压梯度,削弱马蹄涡的源头处强度;二是设计诱导涡装置,使其在下游产生与马蹄涡旋向相反的流向涡,减小马蹄涡运行过程中的强度。

本书基于这两种方法设计了机械式涡流发生器,其结构尺寸较大。将机械式涡流发生器安装在指挥台围壳前缘与艇身的结合处,与弦向中心呈对称分布,图7-1为机械式涡流发生器示意图。

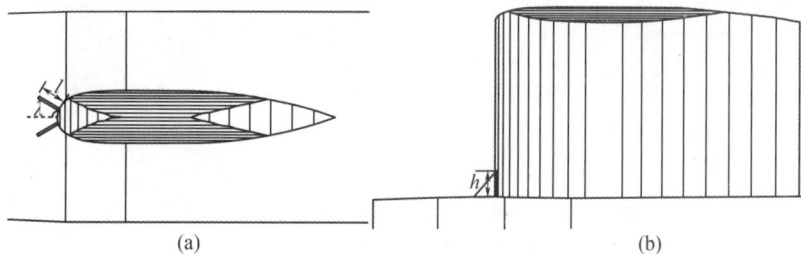

图7-1 机械式涡流发生器示意图

机械式涡流发生器的高度为 $h=0.1H$,H 为指挥台围壳的高度,大于艇身边界层的高度,机械式涡流发生器的长度为 $l=0.1c$,c 为指挥台围壳的弦长。保持这两个参数不变,研究机械式涡流发生器与来流方向夹角 λ、与围壳前缘距离 δ、形状对流激噪声的影响,确定具有最佳降噪效果的机械式涡流发生器参数。图7-2为施加三角形、与来流方向夹角 $\lambda=30°$、与围壳前缘距离 $\delta=0$ 的机械式涡流发生器的指挥台围壳三维模型。

图7-2 施加典型机械式涡流发生器的指挥台围壳三维模型

7.2 机械式涡流发生器的降噪机理

本节以施加三角形、与来流方向夹角 $\lambda=30°$、与围壳前缘距离 $\delta=0$ 的机械式涡流发生器的模型为例,通过数值计算流场与声场,分析机械式涡流发生器的流动控制与降噪机理。

流体流经机械式涡流发生器时产生了新的扰动,但是机械式涡流发生器与围壳前缘距离 $\delta=0$,其产生的压力梯度增大了围壳前缘与艇身结合处的逆压梯度。图 7-3 为施加机械式涡流发生器模型与原始模型 B 截面前缘逆压梯度对比图,可见:施加机械式涡流发生器后,指挥台围壳前缘处的逆压梯度增大,马蹄涡在源头处的强度会得到增强。

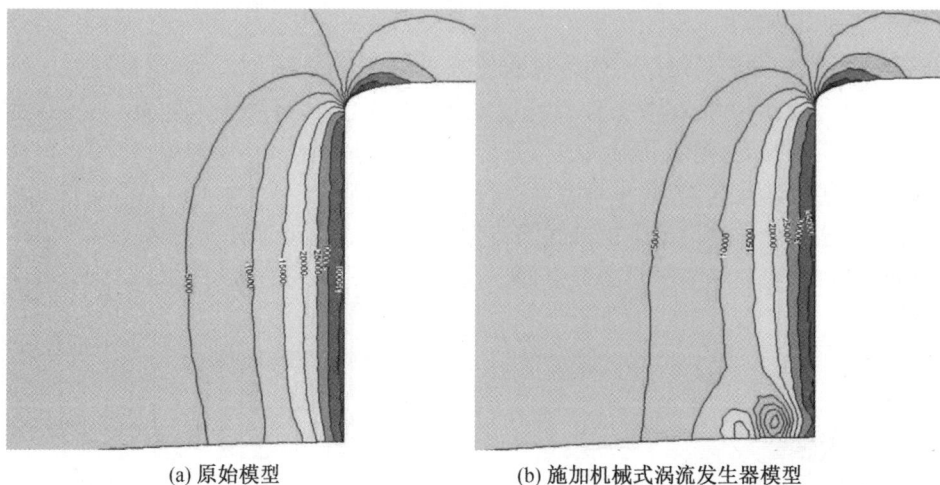

(a) 原始模型　　　　　　　　　(b) 施加机械式涡流发生器模型

图 7-3 两模型 B 截面前缘逆压梯度对比图

图 7-4 为两模型源头处马蹄涡强度对比图,可见:施加机械式涡流发生器后,指挥台围壳的马蹄涡涡核心显著增大。因此,马蹄涡的强度在源头处显著增强。

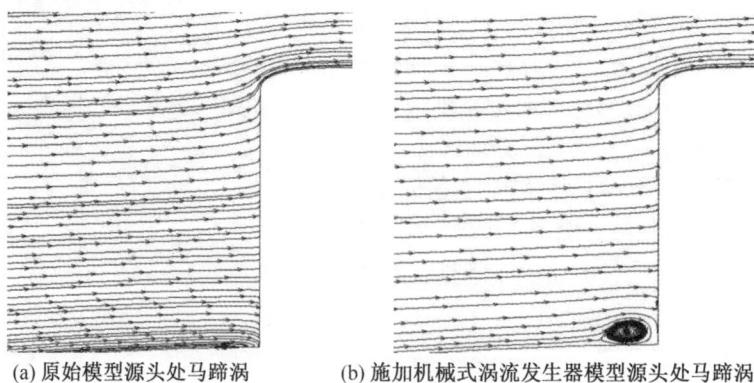

(a) 原始模型源头处马蹄涡　　　　(b) 施加机械式涡流发生器模型源头处马蹄涡

图 7-4 两模型源头处马蹄涡强度对比图

　　图7-5为原始模型与施加机械式涡流发生器模型在 C 截面处局部流线对比图,可见:原始模型存在着逆时针方向的纵向涡流,这就是不断向下游运动的马蹄涡。在施加机械式涡流发生器后,逆时针涡流仍然存在,但是其涡核心明显变小,强度削弱明显。

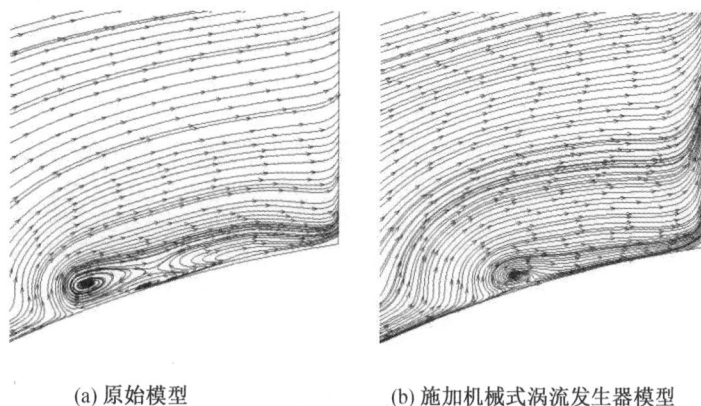

(a) 原始模型　　　　　　(b) 施加机械式涡流发生器模型

图7-5　原始模型与施加涡流发生器模型在 C 截面处局部流线对比图

　　图7-6为施加机械式涡流发生器后模型等涡面图($Q=500$),与图6-11(b)所示原始模型等涡面图对比,可见:在前缘初生区域,马蹄涡强度显著增大,但随着向下游的运动,马蹄涡的强度相较原始模型明显变小,且涡腿变短,在尾迹长度变短,与上述分析一致。

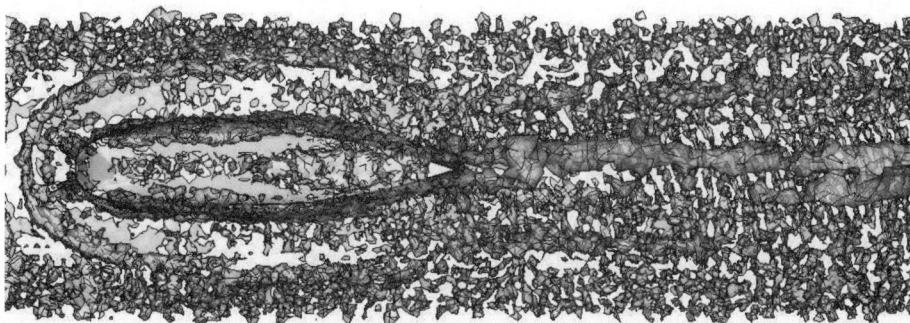

图7-6　施加涡流发生器后模型等涡面图($Q=500$)

　　图7-7为原始模型与施加机械式涡流发生器模型辐射声功率曲线。在低频段,施加机械式涡流发生器模型的辐射声功率小于原始模型,说明机械式涡流发生器通过削弱马蹄涡降低了流激噪声,曲线的第一个峰值不再出现在低频,而在 $f=650$ Hz。这说明此时马蹄涡被有效削弱,已不再是流激噪声的主要来源。

　　图7-8为原始模型与施加机械式涡流发生器模型 A 截面湍流动能云图,可见:机械式涡流发生器增加了尾迹中强湍流区的面积,说明机械式涡流发生器产生的涡旋可以影响尾流,增加尾流的强度,在指挥台围壳的尾缘处会产生更多的小尺度涡,这使得在 $f>1200$ Hz后,施加机械式涡流发生器模型的流激噪声大于原始模型。

71

(a) 线性频率

(b) 三分之一倍频程

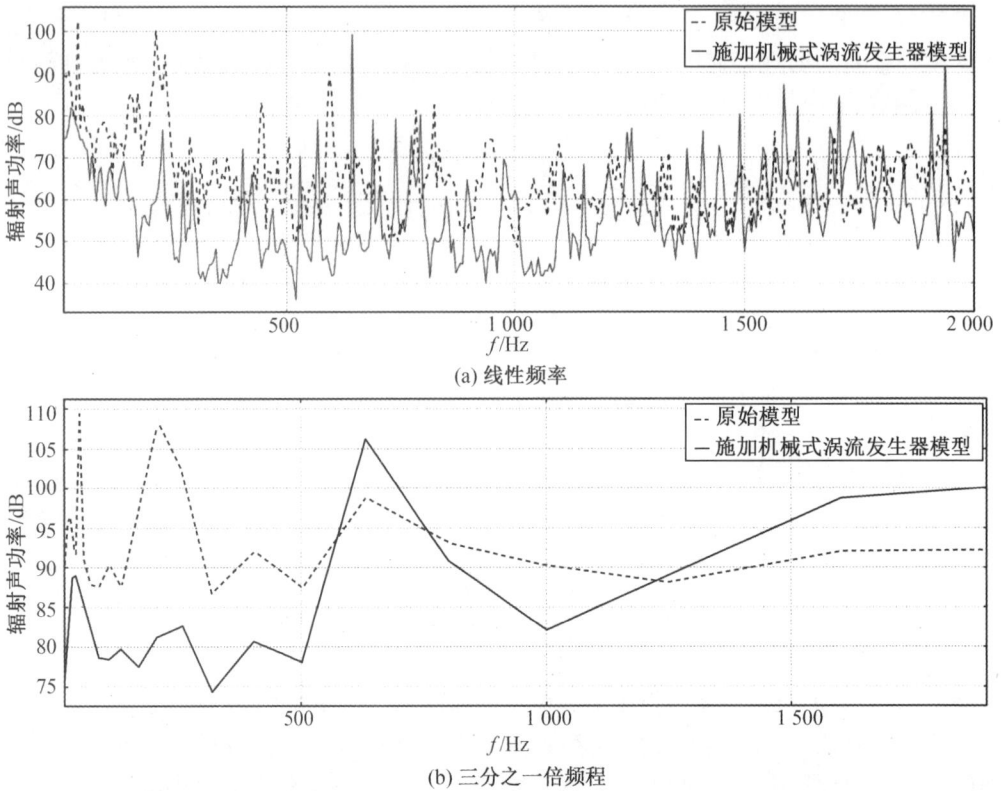

图 7-7　原始模型与施加机械式涡流发生器模型辐射声功率曲线

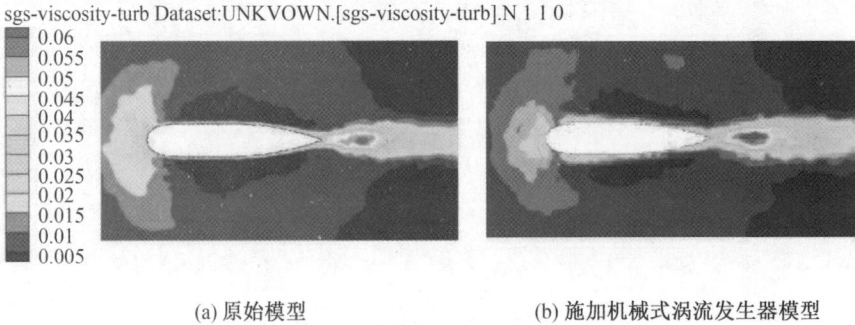

sgs-viscosity-turb Dataset:UNKVOWN.[sgs-viscosity-turb].N 1 1 0

(a) 原始模型　　　　　　　(b) 施加机械式涡流发生器模型

图 7-8　原始模型与施加机械式涡流发生器模型 A 截面湍流动能云图

　　综上所述,施加机械式涡流发生器使模型的流激噪声从低频转移至高频,由于海水的声吸收与频率的平方成正比,故低频噪声传播较远,是探测水下航行器的有效信号,而高频噪声则会很快被海水吸收,可见:采用施加机械式涡流发生器减小低频段流激噪声,提高水下航行器声隐身性能的方法是可行的。图 7-9 为原始模型与施加机械式涡流发生器模型的流激噪声的下水平指向性。在低频范围,施加机械式涡流发生器模型的水平指向性比原始模型更为光滑,表明马蹄涡得到较好的抑制,但是指挥台围壳前缘和后缘的声压仍然较大。在高频范围,即使尾流场受到机械式涡流发生器的影响,其声场的水平指向性依然比原始模型要光滑。

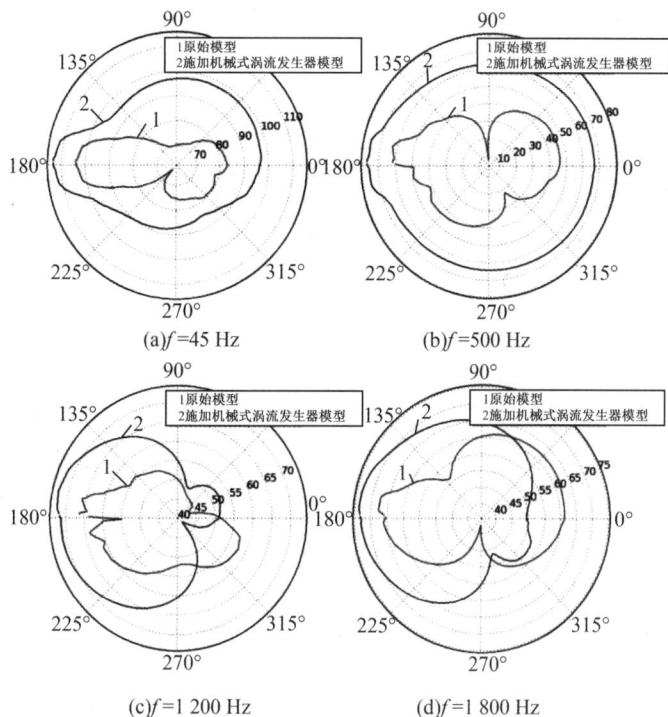

图 7-9 典型频率下流激噪声的水平指向性(弦向为 0°~180°)

因此,机械式涡流发生器的降噪机理是:机械式涡流发生器增大了指挥台围壳与艇身结合处的逆压梯度,增大了源头处的马蹄涡强度;但机械式涡流发生器类似于有迎角平板,两侧存在压差,水流从高压流向低压同时还沿流向运动,合成产生螺旋型的漩涡,该漩涡与马蹄涡的旋转方向相反,可削弱下游马蹄涡的强度;机械式涡流发生器产生的漩涡会运行到指挥台围壳的尾缘处,增加尾流强度,提高高频段的流激噪声。若在源头处增大马蹄涡强度的作用大于削弱下游马蹄涡强度的作用,指挥台围壳的流激噪声将会增大,反之将会减小。可见:机械式涡流发生器并不一定能够降低指挥台围壳的流激噪声!只有选择形状与角度合理的机械式涡流发生器,才能降低指挥台围壳的流激噪声。

7.3 机械式涡流发生器几何参数优选

7.3.1 与来流方向夹角的选择

保持机械式涡流发生器与围壳前缘距离 $\delta = 0$,形状为三角形,建立与来流方向夹角 λ 为 0°、15°、30°、45°、60° 的模型,数值计算其流激噪声。

图 7-10 为施加不同角度机械式涡流发生器模型与原始模型的辐射声功率曲线。可见:施加不同角度机械式涡流发生器模型的辐射声功率变化趋势大致相同。在 10 ~

2 000 Hz频率范围内,辐射声功率级随频率增大呈减小趋势。

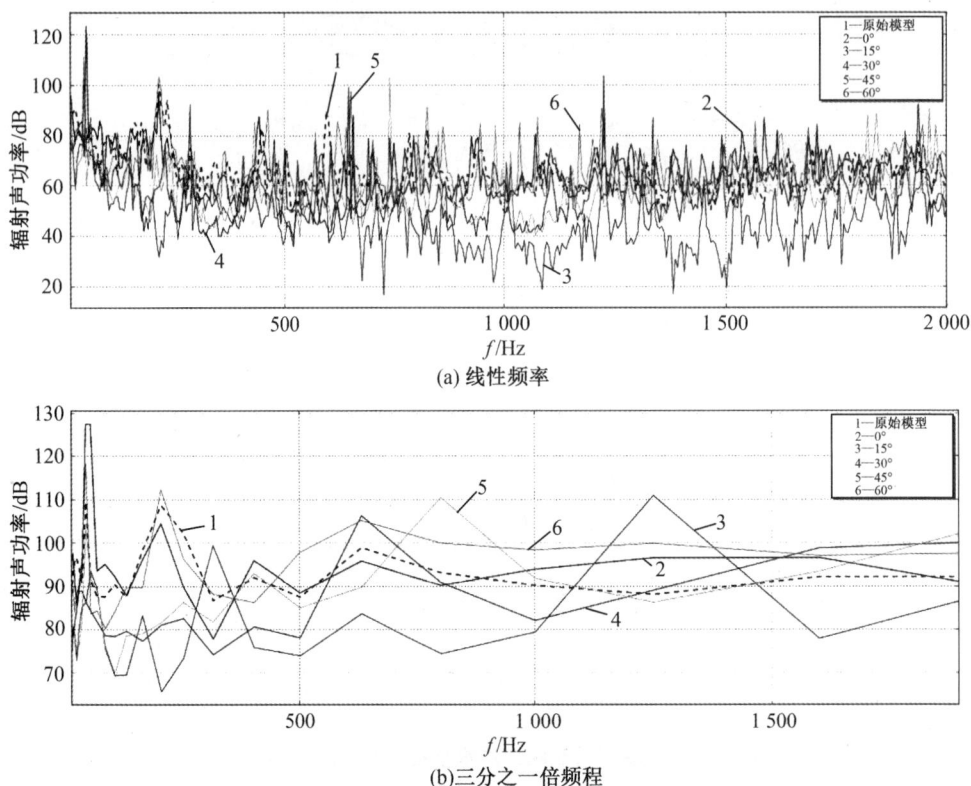

(a) 线性频率

(b)三分之一倍频程

图7-10   施加不同角度机械式涡流发生器模型与原始模型的辐射声功率曲线

表7-1列出了施加不同角度机械式涡流发生器模型的辐射声功率。随着与来流方向夹角的增大,模型流激噪声的辐射声功率呈先减小后增大的趋势,在 λ 为15°、30°、45°时,机械式涡流发生器具有降噪效果。在 λ 为30°时,降噪量可达5.23 dB;在 λ 为0°、60°时,施加机械式涡流发生器模型的流激噪声变大。

表7-1   施加不同角度机械式涡流发生器模型的辐射声功率

模型	辐射声功率级/dB	降噪量/dB
原始模型	113.51	0
$\lambda = 0°$机械式涡流发生器模型	130.54	−17.034
$\lambda = 15°$机械式涡流发生器模型	111.44	2.07
$\lambda = 30°$机械式涡流发生器模型	108.23	5.23
$\lambda = 45°$机械式涡流发生器模型	112.03	1.48
$\lambda = 60°$机械式涡流发生器模型	119.71	−6.2

由图7-10可知, $\lambda = 30°$机械式涡流发生器削弱马蹄涡下游强度的作用大于增强马蹄涡源头的强度,使得10～2 000 Hz范围内模型的辐射声功率减小。同样的结论也适合 $\lambda = 60°$机械式涡流发生器。

图 7-11 为原始模型与施加 $\lambda = 0°$ 的机械式涡流发生器模型的辐射声功率曲线。可见:施加 $\lambda = 0°$ 机械式涡流发生器模型的辐射声功率在第一个峰值达到 124 dB,大于原始模型的 102 dB;在其余频率范围内,两者的辐射声功率大小接近。在大部分频率处,施加 $\lambda = 0°$ 机械式涡流发生器模型的辐射声功率更小,但因第一个峰值相差达到 22 dB,导致整个频率范围内的辐射声功率级增大,没有达到降噪效果。这说明施加 $\lambda = 0°$ 机械式涡流发生器增大马蹄涡源头处强度的作用大于削弱下游马蹄涡的作用,导致了辐射声功率级的增加。

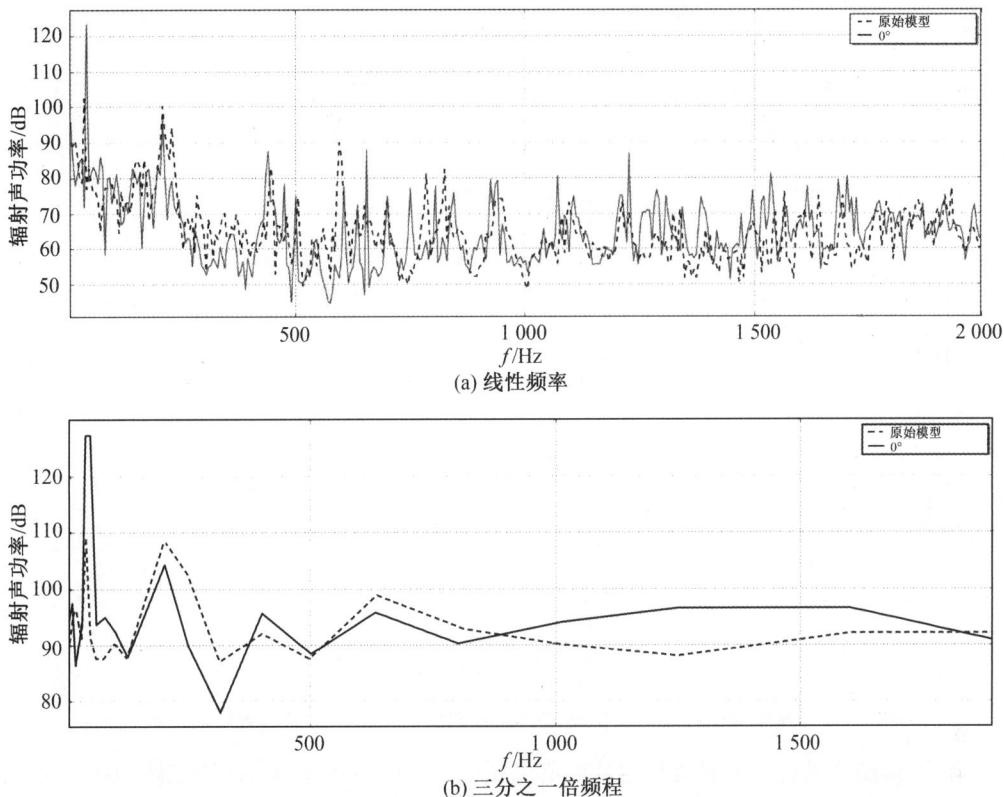

(a) 线性频率

(b) 三分之一倍频程

图 7-11 原始模型与施加 $\lambda = 0°$ 机械式涡流发生器模型的辐射声功率曲线

7.3.2 形状选择

保持机械式涡流发生器与围壳前缘距离 $\delta = 0$,与来流方向夹角 $\lambda = 30°$,建立施加三角形、梯形、半圆形机械式涡流发生器的模型,并计算其流激噪声。图 7-12 为不同形状机械式涡流发生器示意图。

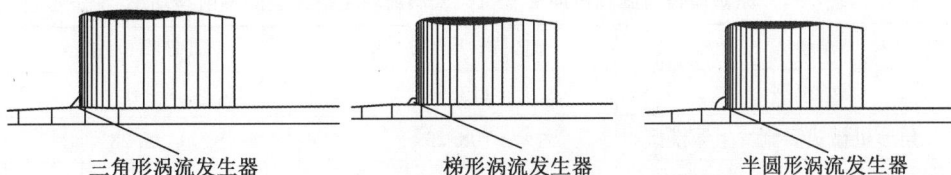

三角形涡流发生器　　　　梯形涡流发生器　　　　半圆形涡流发生器

图 7-12 不同形状机械式涡流发生器示意图

图 7-13 为原始模型与施加不同形状机械式涡流发生器模型的辐射声功率曲线,可见:

施加梯形与三角形涡流发生器模型在低频段的辐射声功率小于原始模型,表明这两种形状的机械式涡流发生器削弱下游运动马蹄涡的能力强于增加源头处马蹄涡的能力,减弱了马蹄涡的激励作用,从而降低了流激噪声。

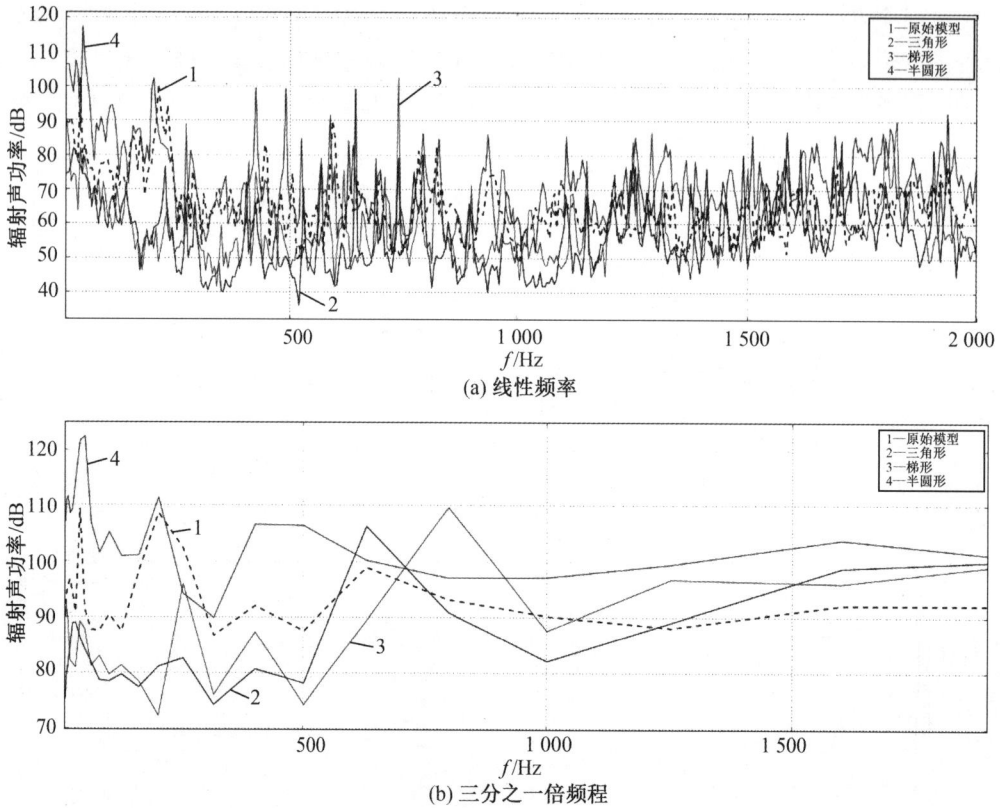

(a) 线性频率

(b) 三分之一倍频程

图 7-13 原始模型与施加不同形状机械式涡流发生器模型的辐射声功率曲线

三角形机械式涡流发生器只存在一个角,会产生一对漩涡削弱下游马蹄涡的强度,而梯形机械式涡流发生器有两个角,这两个角产生相位相反的漩涡,互相削弱,使得其削弱下游马蹄涡的能力弱于三角形机械式涡流发生器,因此其低频段的降噪效果弱于三角形机械式涡流发生器;半圆形机械式涡流发生器呈圆弧形,没有尖角,无法产生漩涡去削弱下游的马蹄涡,但是由于半圆形机械式涡流发生器增强了围壳前缘与艇身结合处的逆压梯度,在源头处使得马蹄涡的强度得到加强,因此半圆形机械式涡流发生器增大了低频段的流激噪声。

表 7-2 为施加不同形状机械式涡流发生器模型的辐射声功率。

表 7-2 原始模型与施加不同形状机械式涡流发生器模型的辐射声功率

模型	辐射声功率级/dB	降噪量/dB
原始模型	113.51	0
施加三角形机械式涡流发生器模型	108.23	5.28
施加梯形机械式涡流发生器模型	110.88	2.63
施加半圆形机械式涡流发生器模型	126.46	−12.95

7.3.3　与围壳前缘距离选择

保持机械式涡流发生器与来流方向夹角 $\lambda = 30°$,形状为三角形,改变机械式涡流发生器与围壳前缘距离,δ 为 $0.1c$、$0.15c$、$0.2c$,机械式涡流发生器前移示意图如图 7 – 14 所示。

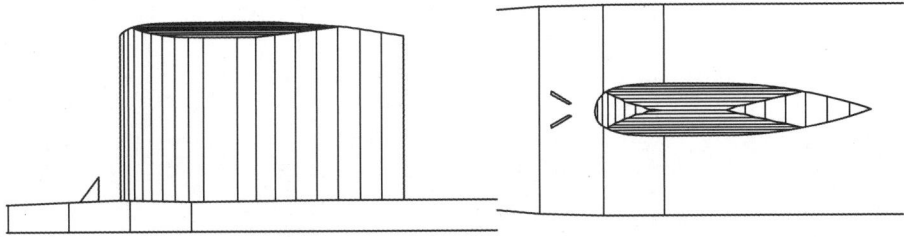

图 7 – 14　机械式涡流发生器前移示意图

图 7 – 15 为施加不同与围壳前缘距离机械式涡流发生器模型的 B 截面压力云图,可见:随着前移距离的增加,机械式涡流发生器产生的压力梯度与围壳前缘的逆压梯度相互作用,与 $\delta = 0$ 的机械式涡流发生器相比,前缘处的逆压梯度显著减小;随着前移距离的增大,指挥台围壳前缘与艇身结合处的压力减小,逆压梯度减小程度更甚。根据逆压梯度的变化可知,前移的机械式涡流发生器可在源头处削弱马蹄涡。

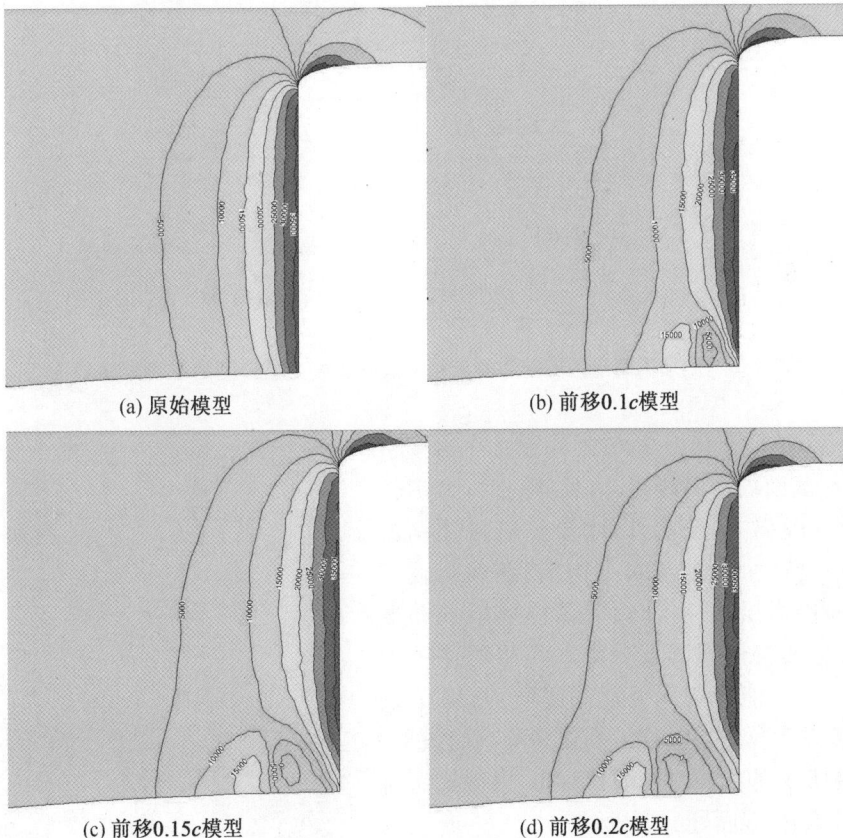

(a) 原始模型　　　　　　　　　(b) 前移0.1c模型

(c) 前移0.15c模型　　　　　　　(d) 前移0.2c模型

图 7 – 15　施加不同与围壳前缘距离机械式涡流发生器模型的 B 截面压力云图

图 7 - 16 为施加不同与围壳前缘距离机械式涡流发生器模型的 B 截面流线图。可见：前移机械式涡流发生器，使得马蹄涡的初生位置与原始模型相比向后移动，表明边界层分离现象得到抑制，涡核心面积减小，说明逆压梯度变小，有利于在源头处减弱马蹄涡的强度。其中，涡核心的变化规律为 $0.1c < 0.2c < 0.15c$；前移距离越大，逆压梯度越小，说明减小逆压梯度可削弱马蹄涡的强度。

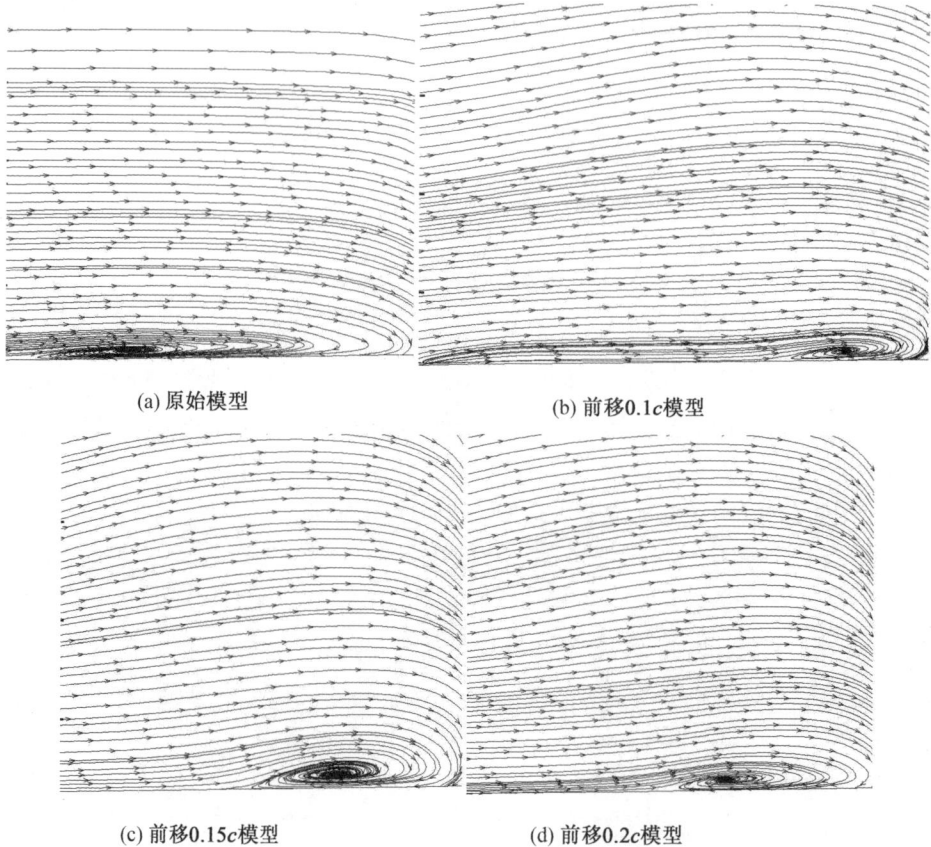

(a) 原始模型　　　　　　　　　　(b) 前移0.1c模型

(c) 前移0.15c模型　　　　　　　(d) 前移0.2c模型

图 7 - 16　施加不同与围壳前缘距离机械式涡流发生器模型的 B 截面流线图

图 7 - 17 为前移 0.1c 机械式涡流发生器模型围壳前缘 B 截面局部流线图，可见：除指挥台围壳与艇身结合处存在马蹄涡外，水流经机械式涡流发生器后还会产生一个漩涡结构，该漩涡会破坏原有的表面边界层流动，使边界层内外层的动量发生交换，从而抑制边界层分离。在减弱逆压梯度和为流体注入能量两大因素作用下，前移 0.1c 机械式涡流发生器具有较好的削弱马蹄涡的效果。

图 7 - 18 为原始模型与前移 0.1c 机械式涡流发生器模型在 C 截面处的流线图。

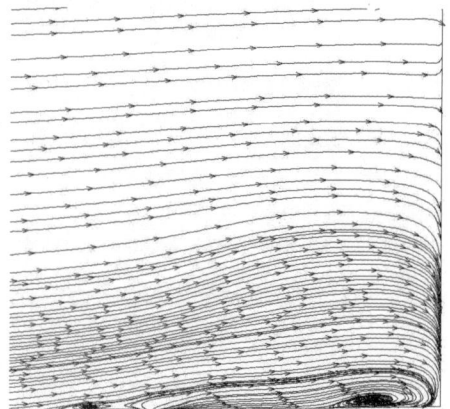

图 7 - 17　前移 0.1c 机械式涡流发生器模型围壳前缘 B 截面局部流线图

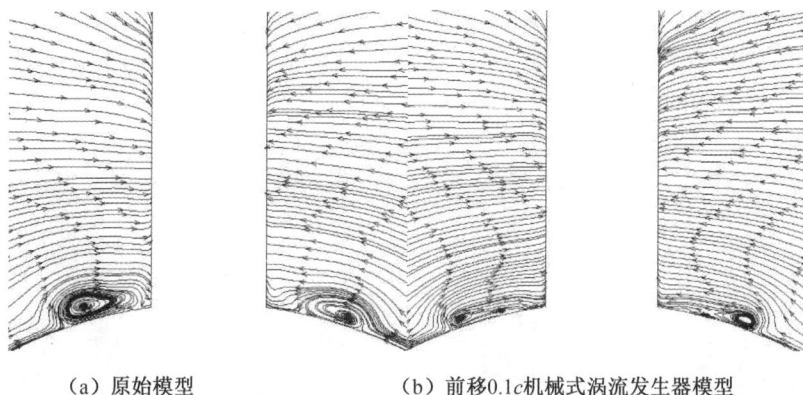

（a）原始模型　　　　　　　（b）前移0.1c机械式涡流发生器模型

图 7 – 18　原始模型与前移 0.1c 机械式涡流发生器模型在 C 截面处的流线图

图 7 – 19 为原始模型与前移 0.1c 机械式涡流发生器模型的等涡面图。可见：在源头处的马蹄涡强度被机械式涡流发生器大大减弱；同时，机械式涡流发生器会产生涡结构，削弱下游的马蹄涡结构，使得马蹄涡涡腿变短。

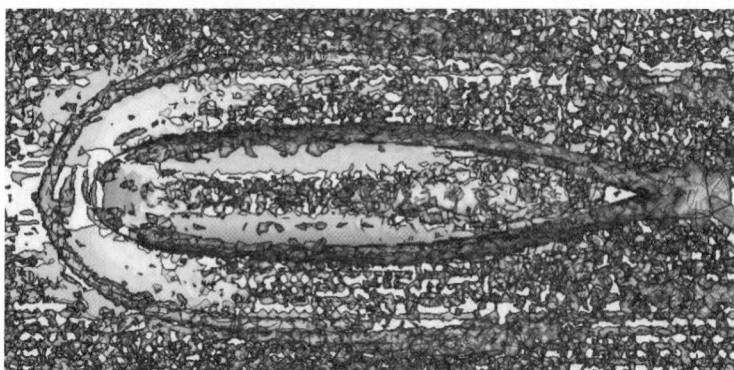

(a) 原始模型

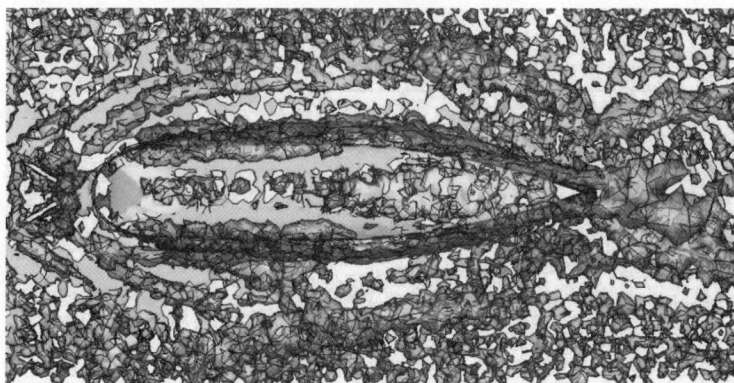

(b) 前移0.1c机械式涡流发生器模型

图 7 – 19　原始模型与前移 0.1c 机械式涡流发生器模型等涡面图

对比施加前移不同距离机械式涡流发生器模型的辐射声功率,可发现施加前移0.1c机械式涡流发生器模型具有最好的抑制马蹄涡效果,可预计其具有最佳的降噪效果。通过计算各个模型的声场,可得到施加前移不同距离机械式涡流发生器模型与原始模型的辐射声功率曲线,如图7-20所示。

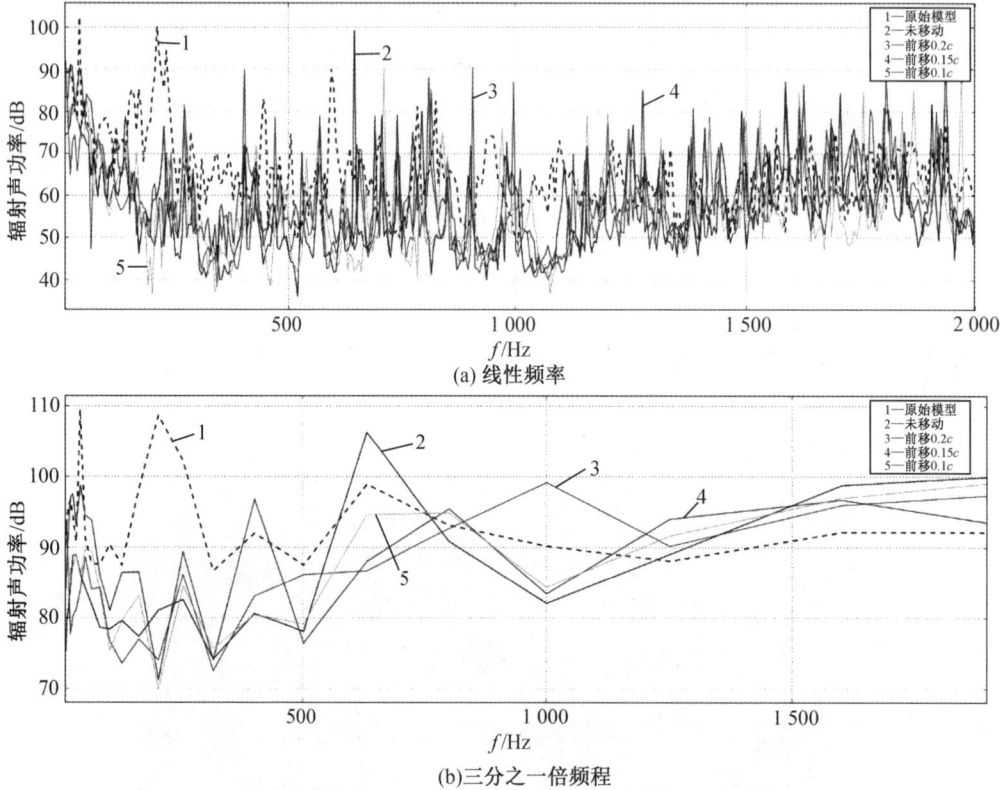

图7-20 施加前移不同距离机械式涡流发生器模型与原始模型的辐射声功率曲线

表7-3为不同模型的辐射声功率。

表7-3 不同模型的辐射声功率

模型	辐射声功率级/dB	降噪量/dB
原始模型	113.51	0
施加非前移机械式涡流发生器模型	108.23	5.28
施加前移0.1c机械式涡流发生器模型	104.58	8.93
施加前移0.15c机械式涡流发生器模型	106.98	6.53
施加前移0.2c机械式涡流发生器模型	104.63	8.88

前移机械式涡流发生器可有效降低指挥台围壳与艇身结合处的逆压梯度,流体流经涡流发生器产生的漩涡可为边界层注入能量,抑制边界层分离,从而在源头处削弱马蹄涡的强度;机械式涡流发生器产生的涡流在下游处的旋转方向与马蹄涡相反,能够有效削弱运行路径的马蹄涡强度,达到降低流激噪声的目的。

综上所述,与来流方向夹角 $\lambda = 30°$、三角形、$\delta = 0.1c$ 的机械式涡流发生器具有最佳的降噪效果,后面将加工模型进行水动力噪声测量试验,以验证其降噪效果。

7.4　本章小结

(1)马蹄涡是激励指挥台围壳产生流激噪声的主要原因之一。马蹄涡产生 500 Hz 以下较低频率的流激噪声,设计针对马蹄涡的流动控制装置,可有效减小围壳低频段的流激噪声。

(2)在指挥台围壳前缘与艇身结合处施加机械式涡流发生器,将增大围壳与艇身结合处的逆压梯度,进而在源头处增大马蹄涡强度;机械式涡流发生器产生螺旋型的漩涡结构,与马蹄涡旋转方向相反,可削弱下游运动的马蹄涡的强度;若其在源头处增大马蹄涡的强度小于削弱下游马蹄涡的强度,指挥台围壳的流激噪声将会减小,反之将会增大。

(3)梯形和三角形机械式涡流发生器具有降噪效果,半圆形机械式涡流发生器将会增大流激噪声,与来流方向呈30°的三角形机械式涡流发生器可有效减弱马蹄涡,具有较好的降噪效果,降噪量为 5.28 dB。

(4)前移机械式涡流发生器可有效降低指挥台围壳与艇身结合处的逆压梯度,流体流经涡流发生器产生的涡旋可有效为边界层注入能量,抑制边界层分离,从而在源头处削弱马蹄涡;前移 $0.1c$ 的机械式涡流发生器具有较好的降噪效果。

(5)与来流方向夹角 $\lambda = 30°$、三角形、$\delta = 0.1c$ 的机械式涡流发生器具有最佳的降噪效果,降噪量达到 8.93 dB。

第8章 微型涡流发生器抑制
水动力噪声机理研究

8.1 微型涡流发生器概述

本章针对模型边界层分离导致的流激噪声,提出在指挥台围壳转捩区施加涡流发生器的方法,由于施加的涡流发生器体积较小,故称之为微型涡流发生器。图8-1为微型涡流发生器示意图。

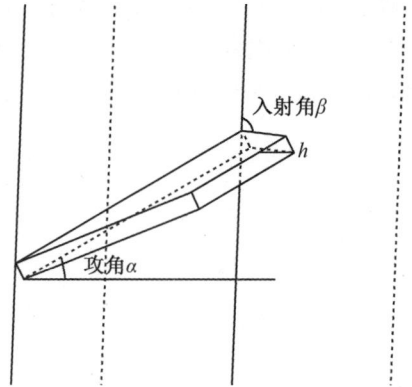

微型涡流发生器的参数:攻角 α,即其与来流方向的夹角;入射角 β,即其与指挥台围壳的夹角;高度 h,即其与当地边界层厚度 δ 的比例系数与 δ 的乘积。图8-2为微型涡流发生器参数示意图。以攻角 $\alpha = 30°$、入射角 $\beta = 90°$、高度 $h = 0.6\delta$ 的微型涡流发生器为对象,数值分析其流动控制与降噪的机理。

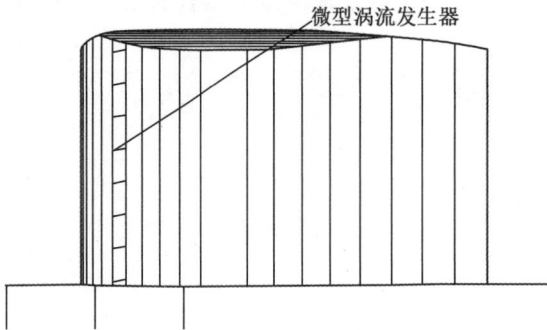

图8-1 微型涡流发生器示意图

图8-2 微型涡流发生器参数示意图

8.2 微型涡流发生器的降噪机理

图8-3为原始模型与施加微型涡流发生器模型表面压力云图,可见:施加微型涡流发生器后,指挥台围壳表面的压力分布发生了较明显的变化,转捩区的最小压力远大于原始模型,显著减小了指挥台围壳表面的逆压梯度,由此表面逆压梯度造成的边界层分离现象将会得到抑制。

图8-4为原始模型与施加微型涡流发生器模型表面压力分布曲线,可见:施加微型涡流发生器后,最小压力点即转捩点位置为 $x = 0.48$ m,而原始模型转捩点位置为 $x = 0.47$ m,

即推迟 0.01 m,且施加微型涡流发生器后逆压梯度变小,有利于延缓边界层分离现象。

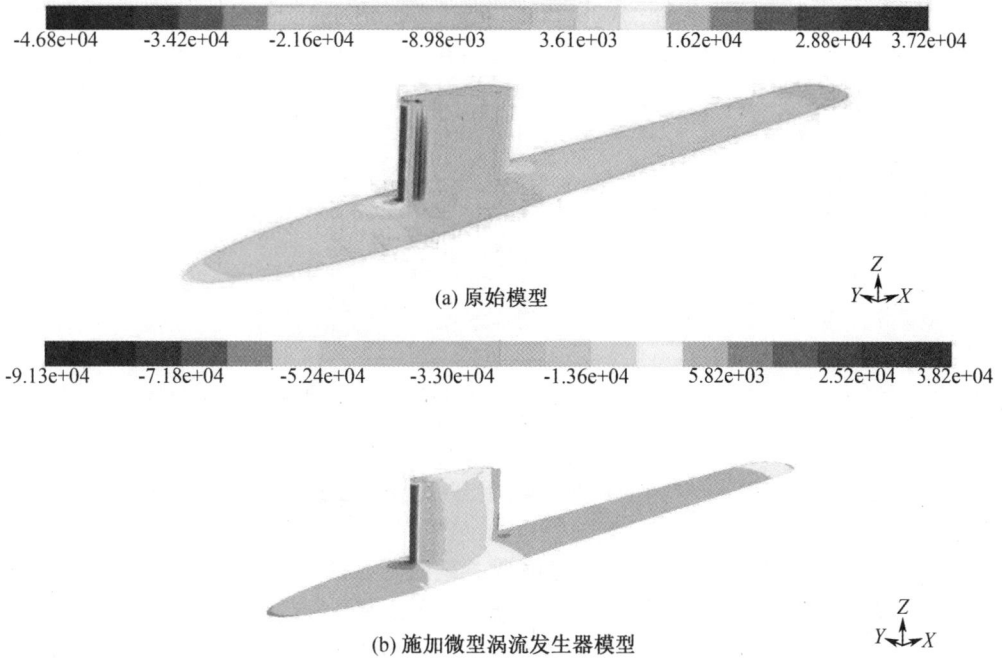

(a) 原始模型

(b) 施加微型涡流发生器模型

图 8-3 原始模型与施加微形涡流发生器模型表面压力云图

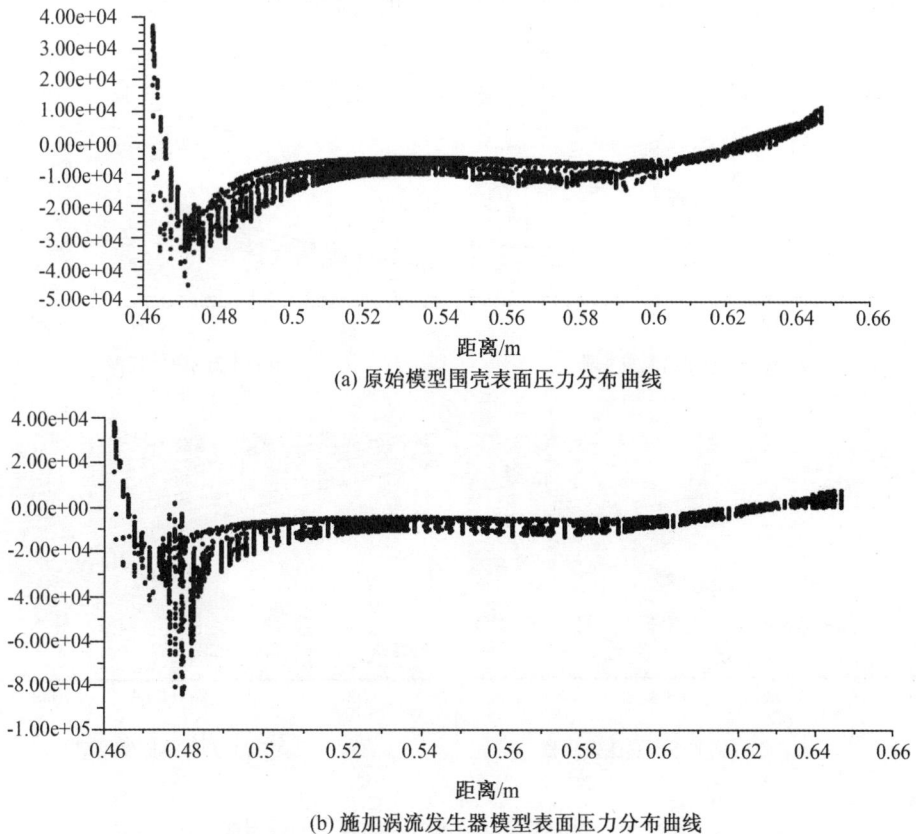

(a) 原始模型围壳表面压力分布曲线

(b) 施加涡流发生器模型表面压力分布曲线

图 8-4 原始模型与施加微形涡流发生器模型表面压力分布曲线

图 8-5 为施加微型涡流发生器模型 A 截面速度云图,与图 6-10(b)原始模型的速度云图对比,可见:微型涡流发生器明显改善了指挥台围壳附近的速度分布,施加微型涡流发生器模型的指挥台围壳尾缘附近与尾迹的速度梯度显著变小,尾流速度相较原始模型也减小。同时,尾流的减弱还会改善下游螺旋桨盘面附近的速度分布,会进一步降低螺旋桨的噪声。

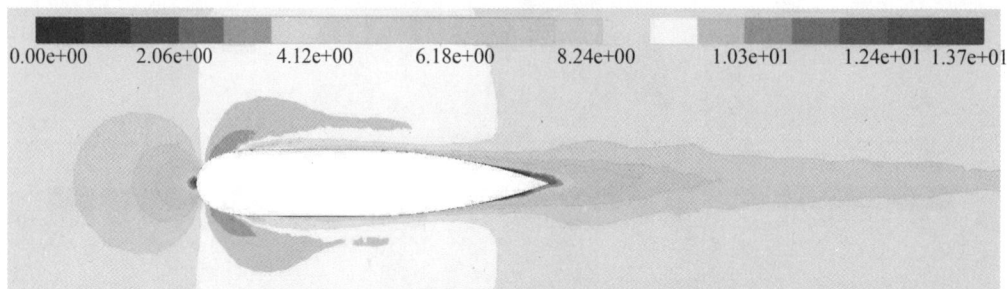

图 8-5　施加微型涡流发生器模型 A 截面速度云图

图 8-6 为 T=1.25 s 与 T=2.5 s 时模型 A 截面尾缘处的局部流线图,可见:原始模型在尾缘前存在着因边界层分离而回流形成的漩涡,该漩涡的脉动压力将会激励指挥台围壳产生流激噪声;同时,该漩涡将沿尾缘周期性脱落而产生尾涡噪声。但是,模型在施加微型涡流发生器后,两个时刻的分离涡产生位置都有明显推后,分离涡由大变小,可见微型涡流发生器延缓了边界层分离,因而会降低指挥台围壳的流激噪声。

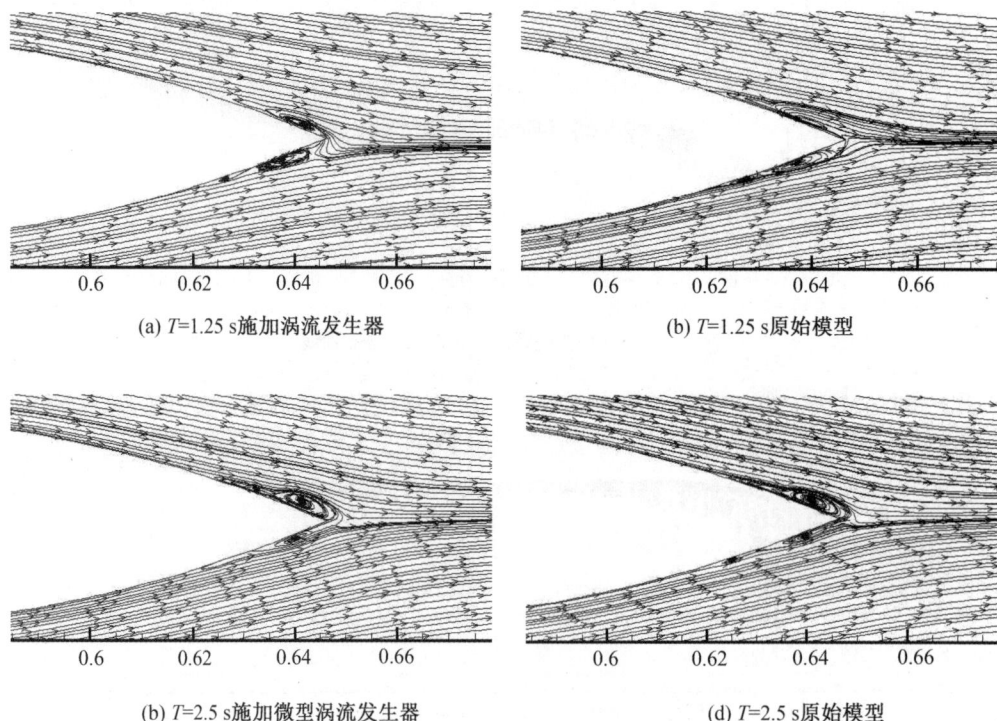

(a) T=1.25 s施加涡流发生器

(b) T=1.25 s原始模型

(b) T=2.5 s施加微型涡流发生器

(d) T=2.5 s原始模型

图 8-6　施加微型涡流发生器后模型的等涡面

图 8-7 为施加微型涡流发生器模型的等涡
面,可见:因微型涡流发生器产生了强度较大向
下游传递的涡,这些高能量的涡发展到下游后,
会与低能量的模型表面边界层流体混合,把能量
传递给边界层,处于逆压梯度的边界层流体获得
附加能量后会贴紧指挥台围壳表面,进一步减小
尾涡的破碎程度,可有效降低因边界层分离与尾
涡脱落产生的流激噪声。但是,微型涡流发生器
产生的细小涡发展到下游,会激励指挥台围壳产
生高频段的流激噪声。

图 8-8 为原始模型与施加微型涡流发生器
模型湍流动能云图,可以发现施加微型涡流发生
器后,产生了更强的喷射状的湍流区域,说明微
型涡流发生器产生的涡结构传递到了尾流中,增
大尾流的湍流强度,将会增大模型的高频噪声。

图 8-7 施加微型涡流发生器模型的等涡面

sgs-viscosity-turb Dataset:UNKVOWN.[sgs-viscosity-turb].N 1 1 0

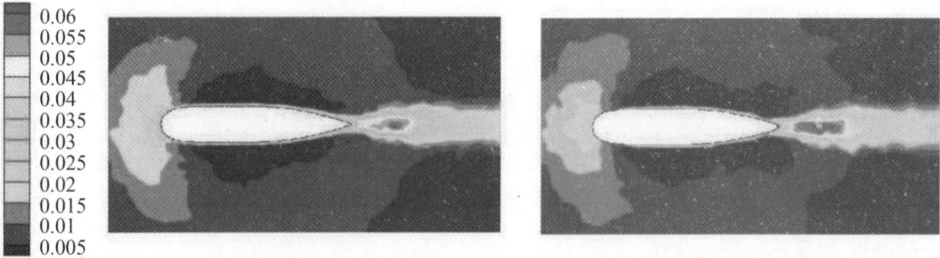

(a) 原始模型   (b) 微型涡流发生器模型

图 8-8 原始模型与施加微型涡流发生器模型湍流动能云图

图 8-9 为施加微型涡流发生器模型与原始模型的辐射声功率曲线,可见:安装微型涡
流发生器后,在 $f < 800$ Hz 的频段内,辐射声功率显著减小,特别是三个峰值都得到了衰减,
说明微型涡流发生器破坏了因边界层分离产生低频流激噪声的大涡,在 $f = 595$ Hz 处脱落
涡的辐射声功率也得到降低。随着频率的升高,施加微型涡流发生器模型的辐射声功率大
于原始模型,说明了微型涡流发生器产生的细小涡增大了高频段的流激噪声。辐射声功率
级由 113.51 dB 减小为 107.34 dB,降噪量达到 6.17 dB。

因此,微型涡流发生器的降噪机理为:微型涡流发生器产生的涡流为下游边界层注入
了能量,降低了模型表面的逆压梯度,推迟了流场转捩,延缓甚至消除了模型表面的边界层
分离现象,改善了尾缘处的尾涡脱落过程,减小了因边界层分离造成大涡所产生的低频段
与尾涡脱落频率处的流激噪声;微型涡流发生器还能够减小尾流速度,改善下游螺旋桨盘
面处的流体分布,降低螺旋桨噪声;但是,微型涡流发生器产生大量的细小涡,发展到模型
尾缘处,增大了高频段的流激噪声。

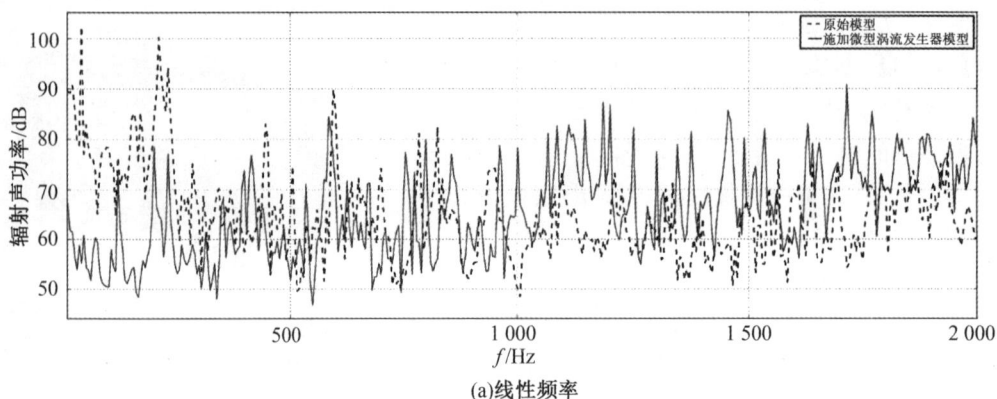

(a)线性频率

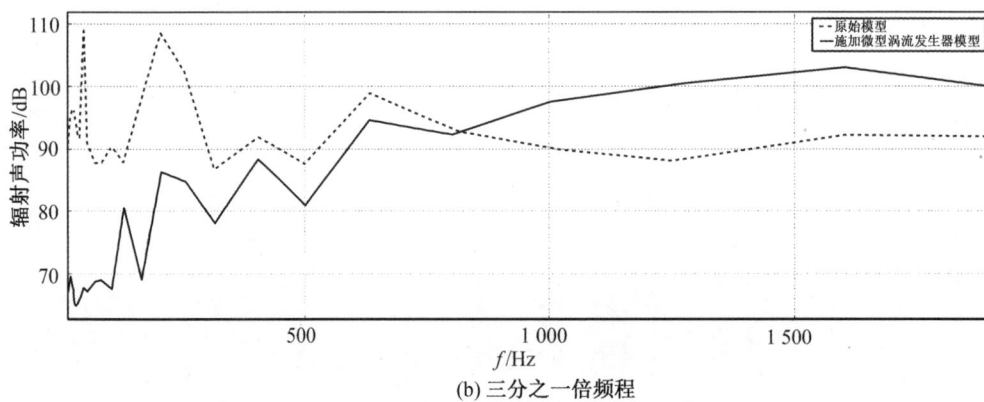

(b) 三分之一倍频程

图 8 − 9   施加微型涡流发生器模型与原始模型辐射声功率曲线

8.3   微型涡流发生器参数优选

8.3.1   攻角的选择

保持入射角 $\beta = 90°$,高度 $h = 0.6\delta$ 不变,建立攻角 α 为 $0°$、$10°$、$20°$、$30°$ 的施加微型涡流发生器模型,数值计算其流激噪声。

图 8 − 10 为施加不同攻角微型涡流发生器模型的辐射声功率曲线。与原始模型对比,可见:在四种攻角下,低频段的辐射声功率均有所减小;随着攻角的增大,低频段的辐射声功率不断变小,说明微型涡流发生器对边界层分离产生的大涡具有很好的控制效果;而且微型涡流发生器的攻角越大,降噪效果越佳。

分析表 8 − 1 所示的不同攻角微型涡流发生器模型的辐射声功率,可见:施加 $30°$ 攻角微型涡流发生器模型具有最佳的降噪效果,降噪量达到 6.18 dB。

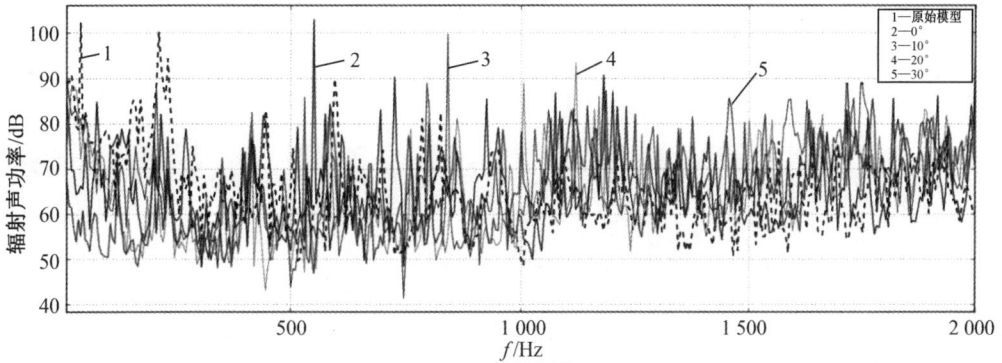

(a) 线性频率

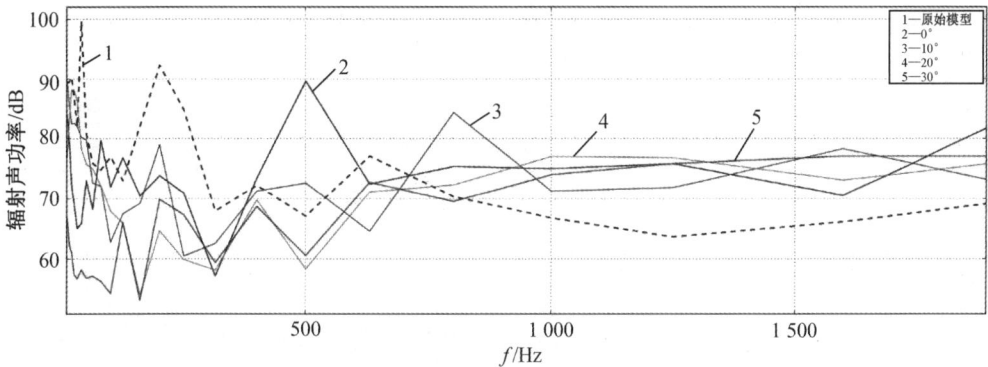

(b) 三分之一倍频程

图 8 - 10 施加不同攻角微型涡流发生器模型的辐射声功率曲线

表 8 - 1 施加不同攻角微型涡流发生器模型的辐射声功率

模型	辐射声功率级/dB	降噪量/dB
原始模型	113.51	0
施加 0°攻角微型涡流发生器模型	112.40	1.11
施加 10°攻角微型涡流发生器模型	110.42	3.09
施加 20°攻角微型涡流发生器模型	107.84	5.67
施加 30°攻角微型涡流发生器模型	107.33	6.18

8.3.2 入射角的选择

保持攻角 $\alpha = 60°$，高度 $h = 0.6\delta$ 不变，建立入射角为 $60°$、$70°$、$80°$、$90°$、$100°$、$110°$、$120°$ 的施加微型涡流发生器模型，分析降噪效果与微型涡流发生器攻角的关系。图 8 - 11 为施加不同入射角微型涡流发生器的辐射声功率曲线，表 8 - 2 为施加不同入射角微型涡流发生器模型的辐射声功率。

(a) 线性频率

(b) 三分之一倍频程

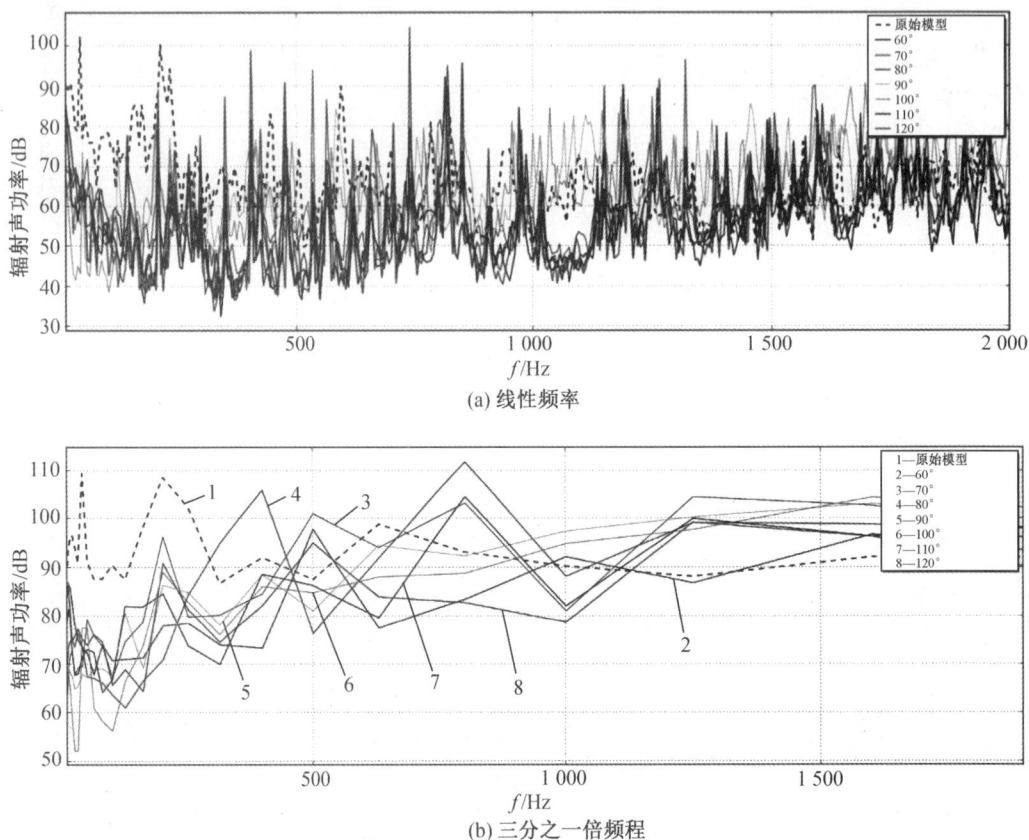

图 8 - 11　施加不同入射角微型涡流发生器模型的辐射声功率曲线

分析图 8 - 11,可见:在七种入射角下,低频段的流激噪声较原始模型均有所减小;随着入射角的增大,降噪量先减小后增大,说明随着入射角的增大,微型涡流发生器控制边界层分离的效果先变弱后变强。

表 8 - 2　施加不同入射角微型涡流发生器模型的辐射声功率

模型	辐射声功率级/dB	降噪量/dB
原始模型	113.51	0
施加 60° 入射角微型涡流发生器模型	102.41	11.1
施加 70° 入射角微型涡流发生器模型	109.84	3.67
施加 80° 入射角微型涡流发生器模型	113.42	0.09
施加 90° 入射角微型涡流发生器模型	107.34	6.17
施加 100° 入射角微型涡流发生器模型	107.29	6.22
施加 110° 入射角微型涡流发生器模型	107.18	6.33
施加 120° 入射角微型涡流发生器模型	103.12	10.39

由表 8 - 2 可以发现:微型涡流发生器在在入射角为 60° 时,降噪效果最好,降噪量可达到 11.1 dB,降噪频率范围为 10 ~ 1 350 Hz。

8.3.3 高度的选择

保持攻角 $\alpha = 30°$，入射角 $\beta = 60°$ 不变，建立高度为 0.2δ、0.4δ、0.6δ、0.8δ 的施加微型涡流发生器模型，分析微型涡流发生器的降噪效果随高度的变化规律。

分析图 8 - 12 可以看出，在不同高度的微型涡流发生器作用下，低频段的流激噪声较原始模型均有所减小；随着高度的增加，降噪量先增大后减小。由表 8 - 3 可见：攻角为 $30°$、入射角为 $60°$、高度为 0.6δ 的微型涡流发生器具有最佳的降噪效果，降噪量达到 11.1 dB，有效频率范围是 10 ~ 1 350 Hz。

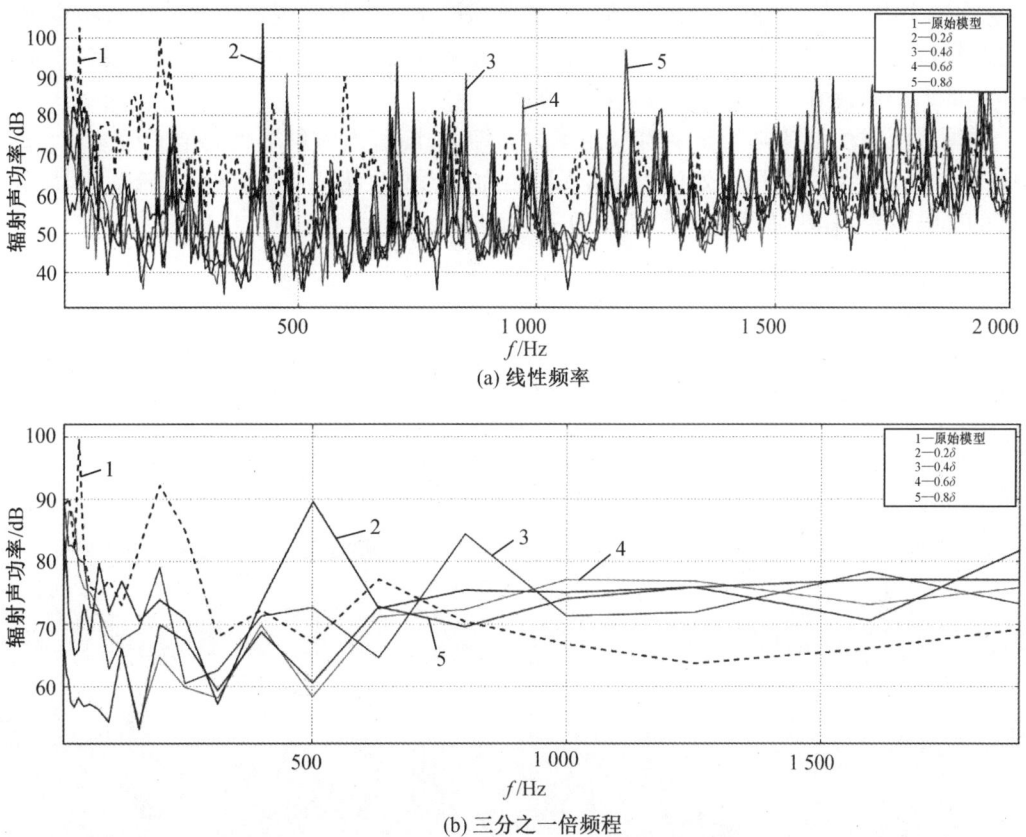

(a) 线性频率

(b) 三分之一倍频程

图 8 - 12　施加不同高度微型涡流发生器模型的辐射声功率曲线

表 8 - 3　施加不同高度微型涡流发生器模型的辐射声功率

模型	辐射声功率级/dB	降噪量/dB
原始模型	113.51	0
0.2δ 模型	111.27	2.24
0.4δ 模型	105.10	8.41
0.6δ 模型	102.41	11.1
0.8δ 模型	108.49	5.02

8.4　本　章　小　结

　　本章针对指挥台围壳－艇身模型的边界层分离问题,在表面转捩区施加微型涡流发生器,数值分析了微型涡流发生器的降噪机理,得到结论如下。

　　微型涡流发生器产生的涡流可为下游低能量边界层注入能量,降低指挥台围壳表面的逆压梯度,推迟转捩,从而延缓甚至消除模型表面的边界层分离,改善尾缘处的尾涡脱落现象,从而减小因边界层分离与尾涡脱落产生的流激噪声。微型涡流发生器还可减小指挥台围壳的尾流速度,改善下游螺旋桨盘面处的流体分布,降低螺旋桨噪声,但是微型涡流发生器产生的细小涡会增大模型高频段的流激噪声。

　　微型涡流发生器的降噪量随着攻角增大而增大,随着入射角增大先增大后减小,随着高度的增大先增大后减小。攻角为30°,入射角为60°,高度为0.6δ的微型涡流发生器具有最佳的降噪效果,有效降噪频率范围为10~1 350 Hz,降噪量达到11.1 dB。

第9章　锯齿前缘的降噪机理研究

9.1　锯齿前缘概述

座头鲸尾鳍前缘的锯齿状结构在很大程度上降低了它在水下游动的噪声,如图9－1所示。本章将座头鲸尾鳍的锯齿前缘在指挥台围壳－艇身模型上进行重构,研究降噪的机理,确定具有最佳降噪效果的锯齿前缘参数。

由图9－1可以看到梳子状的锯齿前缘。以此结构为基础,在指挥台围壳的前缘施加锯齿结构,得到含锯齿前缘的指挥台围壳模型,如图9－2所示。

如图9－3所示,锯齿前缘的参数有两个:振幅 A 与波长 λ。为方便更换模型后快速建立新的锯齿前缘,假定锯齿前缘的振幅与指挥台围壳的弦长 c 相关,波长与指挥台围壳的高度 h 相关,改变锯齿前缘的振幅与波长会对指挥台围壳产生不同的降噪效果。以振幅为 $0.1c$,波长为 $0.1h$ 的锯齿前缘为例,分析锯齿前缘控制不稳定流动与降低水动力噪声的机理;同时,改变锯齿前缘的振幅与波长,分析它们所导致的流激噪声变化情况,确定具有最佳降噪效果的锯齿前缘参数。

图9－1　座头鲸尾鳍
锯齿前缘示意图

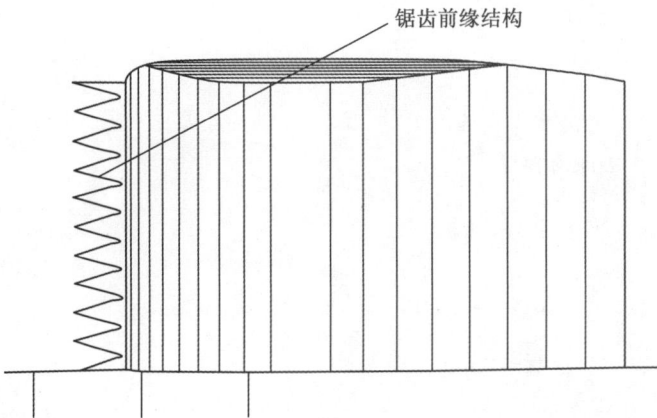

图9－2　含锯齿前缘的指挥台围壳模型

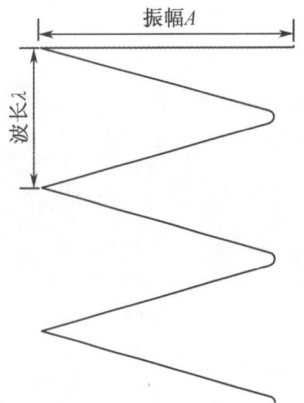

图9－3　锯齿前缘
参数示意图

9.2 锯齿前缘的降噪机理

锯齿前缘降低气动噪声的机理可以总结为:锯齿前缘改变翼型或者叶片的表面压力分布,推迟翼型表面的湍流边界层分离,降低翼型表面脉动压力,减小气动噪声。

但是6.3节的分析指出:指挥台围壳流激噪声的来源有马蹄涡、边界层分离、尾涡脱落三种不稳定的流动,与气动噪声只来源于边界层分离不同;且指挥台围壳前缘的流激噪声较大,水下航行器的运动速度远小于空气中翼型的运动速度,水下航行器的雷诺数远大于空气中翼型的雷诺数;水下航行器的边界层厚度远小于空气中翼型的边界层厚度。因此,锯齿前缘降低气动噪声的机理仅能作为水下应用的参考,仍需详细分析锯齿前缘在水下航行器中的降噪机理。

图9-4为原始模型与含锯齿前缘模型表面压力云图,经对比可见:锯齿前缘改变了指挥台围壳表面的压力分布,含锯齿前缘模型增大了前缘面积,增大了高压区面积,使得围壳侧面低压区面积变大,转捩区的压力变大,转捩区后的逆压梯度变小。由于逆压梯度是造成指挥台围壳表面边界层分离的重要原因,故逆压梯度减小,流体质点将具有更高的动能沿着表面向下游运动,边界层分离现象将得到一定程度的抑制,这与气动噪声的研究结论是一致的。

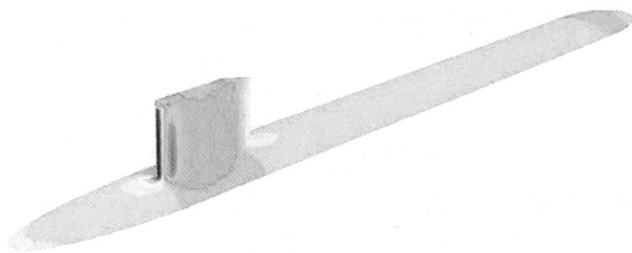

-5.00e+04 -3.68e+04 -2.36e+04 -1.04e+04 2.80e+03 1.60e+04 2.92e+04 3.80e+04

(a) 原始模型

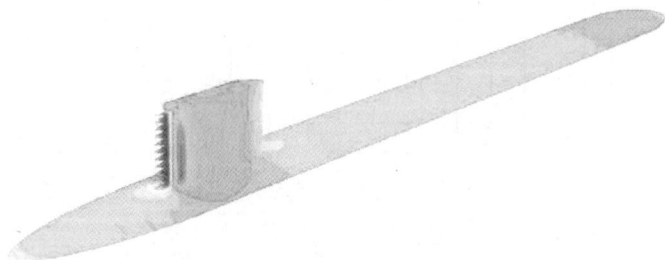

(b) 含锯齿前缘模型

图9-4 原始模型与含锯齿前缘模型表面压力云图

为探寻指挥台围壳表面的边界层分离状况,得到图9-5,可见:含锯齿前缘模型边界层分离产生涡在 $x=0.627$ m 位置,原始模型边界层分离产生涡在 $x=0.624$ m 位置,相较于原始模型边界层分离涡产生位置被推迟 0.003 m,说明锯齿前缘推迟了表面边界层的分离,减少了因边界层分离产生大涡的数量与作用面积,因此可以降低指挥台围壳的流激噪声。

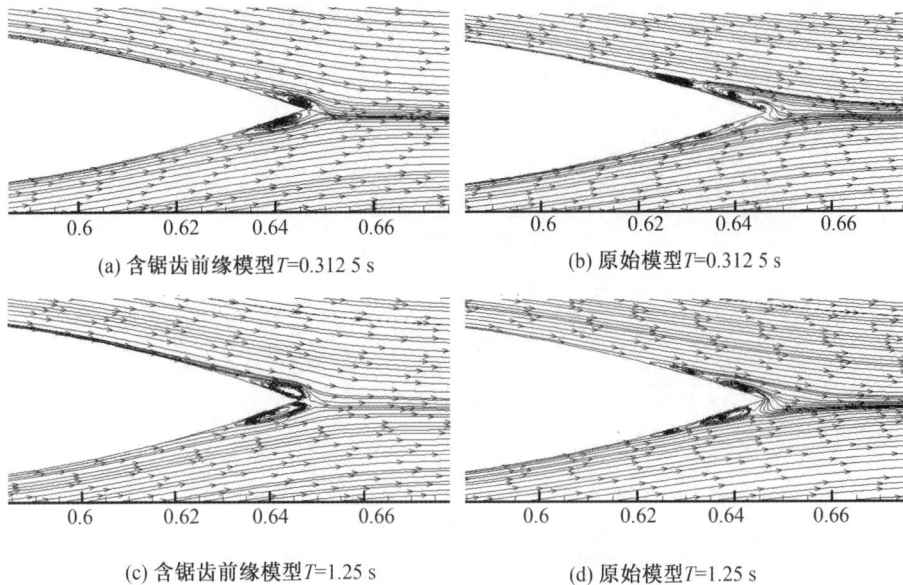

(a) 含锯齿前缘模型 $T=0.3125$ s   (b) 原始模型 $T=0.3125$ s

(c) 含锯齿前缘模型 $T=1.25$ s   (d) 原始模型 $T=1.25$ s

图9-5 不同时刻 A 截面两模型尾缘流线图

由6.3.2节可知,指挥台围壳与艇身结合处会产生马蹄涡,是低频段流激噪声产生的重要原因。

分析图9-6可以发现:含锯齿前缘模型在指挥台围壳与艇身结合处的最大压力小于原始模型,前缘与艇身结合处的逆压梯度变小。因为马蹄涡是由于前缘与艇身结合处逆压梯度产生的流动分离造成的,故锯齿前缘可在在源头处削弱马蹄涡的强度。

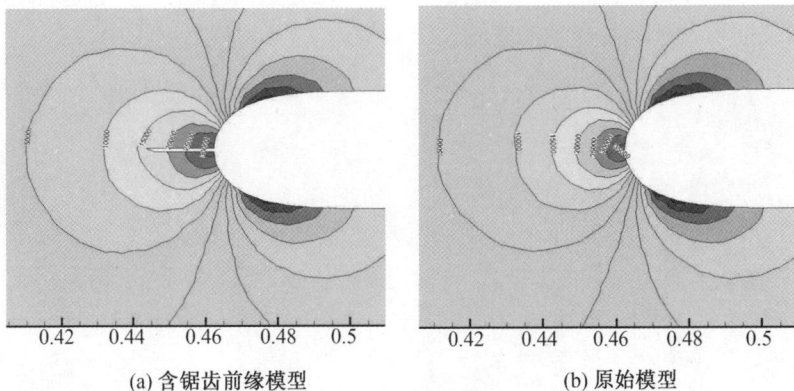

(a) 含锯齿前缘模型   (b) 原始模型

图9-6 两模型 A 截面指挥台围壳前缘处压力云图

由图9-7可以发现:在指挥台围壳前缘与艇身结合处存在着的大涡即为初生的马蹄

涡,含锯齿前缘模型马蹄涡的涡核心面积小于原始模型,说明锯齿前缘在源头处能够降低逆压梯度、削弱马蹄涡的强度。

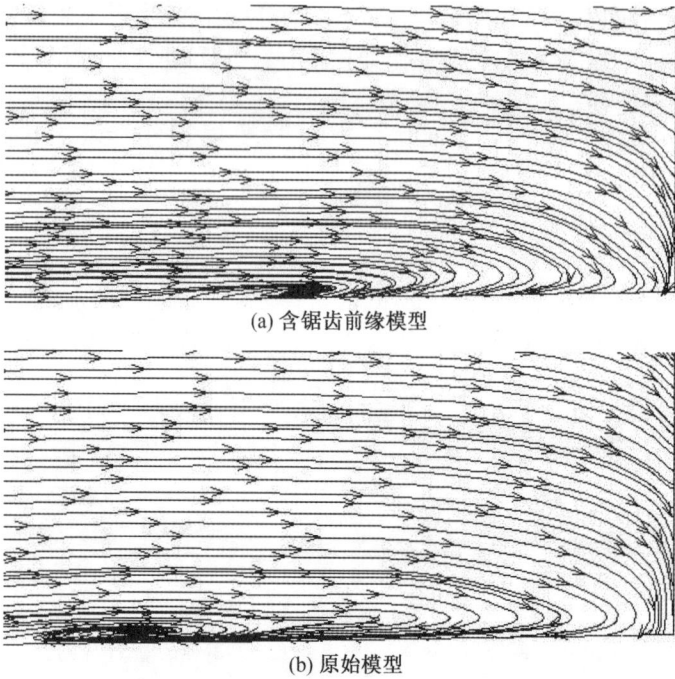

(a) 含锯齿前缘模型

(b) 原始模型

图 9 - 7　两模型 *B* 截面前缘处流线图

观察图 9 - 8 可以发现:含锯齿前缘模型与原始模型两侧的涡即为向下游传播的马蹄涡,锯齿前缘两侧存在压差,流体质点不仅沿着流向运动,还从锯齿高压侧流向低压侧,流向与横向运动的合成产生与马蹄涡旋向相反的小尺度漩涡,减小下游马蹄涡的强度。因此,向下游传播的锯齿前缘马蹄涡的涡核心面积小于原始模型,由于能够削弱下游的马蹄涡,锯齿前缘进一步减小了马蹄涡激励产生的流激噪声。此外,该横向涡可传播至指挥台围壳的尾缘处,为尾缘处的边界层注入能量,进一步推迟边界层分离。但是,横向涡进入尾流,会增大尾缘处小涡激励而产生的高频段流激噪声。

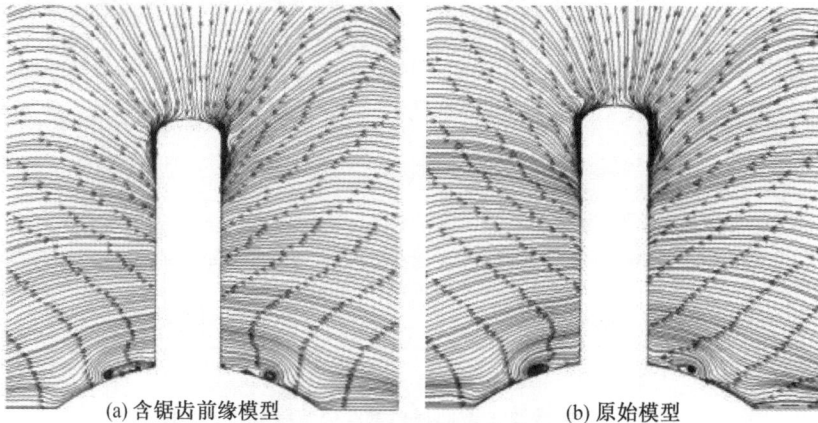

(a) 含锯齿前缘模型　　　　　　　　　　(b) 原始模型

图 9 - 8　两模型 *C* 截面流线图

将图9-9与图6-13对比,可以发现:施加锯齿前缘后,在 $f < 500$ Hz 时,模型表面因马蹄涡作用产生的强脉动压力区域减小或消失,说明锯齿前缘削弱了马蹄涡强度及马蹄涡所带来的脉动压力,从而降低了因马蹄涡激励而产生的低频段的流激噪声。在 $f < 1\,200$ Hz 时,指挥台围壳尾缘区域的强脉动压力面积减小,说明锯齿前缘推迟了边界层分离,减小了由边界层分离造成大涡而产生的低频脉动压力。由于锯齿前缘会产生小涡,当 $f > 1\,200$ Hz 时,指挥台围壳尾缘区域的脉动压力略微增大。指挥台围壳的前缘在各个频率下均为高脉动压力,锯齿前缘增大了指挥台围壳前缘高脉动压力区域的面积,会增大此区域的辐射噪声。

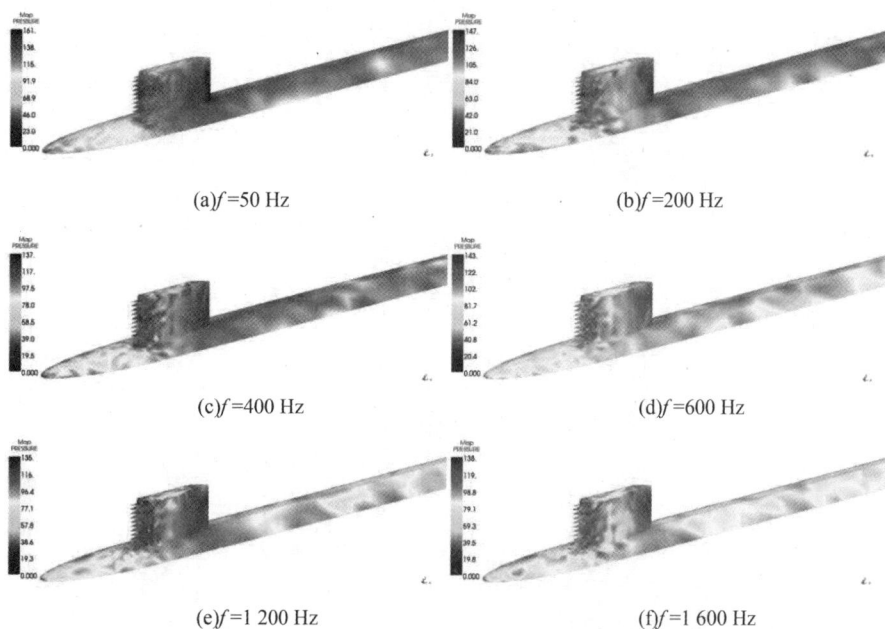

(a)f=50 Hz   (b)f=200 Hz
(c)f=400 Hz   (d)f=600 Hz
(e)f=1 200 Hz   (f)f=1 600 Hz

图9-9 不同频率下含锯齿前缘模型脉动压力云图

图9-10为两模型的辐射声功率曲线。在 $f < 350$ Hz 时,因为马蹄涡被削弱,边界层分离被推迟,含锯齿前缘模型的辐射声功率显著降低,两个流激噪声的峰值均降低。在 350 Hz $< f < 500$ Hz 时,含锯齿前缘模型的辐射声功率大于原始模型,这是因为锯齿使得前缘面积增大,且锯齿前缘控制马蹄涡与边界层分离降低的流激噪声不足以抵消前缘面积增大导致的流激噪声,使得此频率范围内的流激噪声增大。在 550 Hz $< f < 1\,000$ Hz 时,含锯齿前缘模型的辐射声功率略小于原始模型,说明此频率范围内,锯齿前缘推迟边界层分离,仍然可以降低流激噪声。随着频率增加,在 $f > 1\,000$ Hz 时,由于锯齿前缘产生的小涡发展到尾缘处以及锯齿前缘面积的增大对流激噪声的贡献增大,含锯齿前缘模型的辐射声功率大于原始模型,表明锯齿前缘无法控制小涡导致的流激噪声。且在 $f > 1\,000$ Hz 时,锯齿前缘导致的前缘面积增大带来了副作用。原始模型在 $10 \sim 2\,000$ Hz 的辐射声功率级为 113.52 dB,而含锯齿前缘模型的辐射声功率级为 108.32 dB,流激噪声在 $10 \sim 2\,000$ Hz 内降低了 5.2 dB。

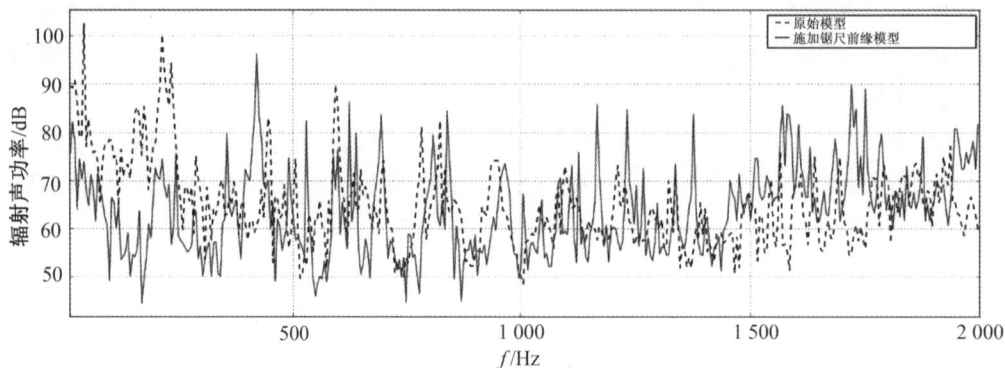

(a) 线性频率

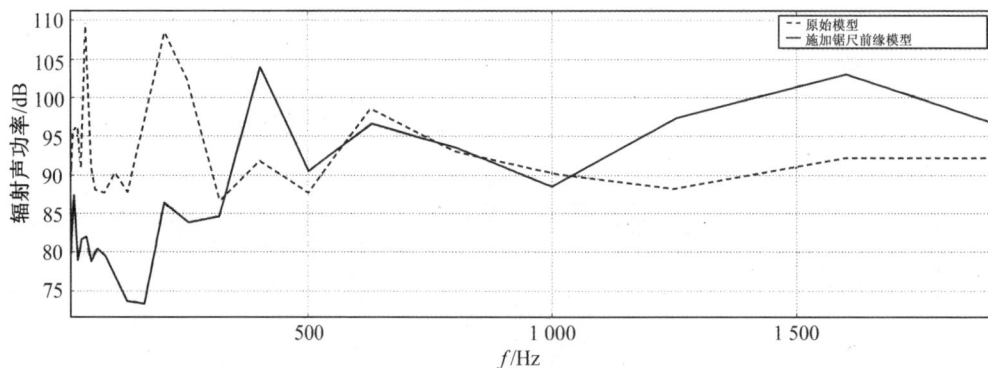

(b) 三分之一倍频程

图 9 – 10 两模型的辐射声功率曲线

    综上所述,锯齿前缘的降噪机理为:锯齿前缘改变了表面的压力分布,增大了指挥台围壳表面最小压力与转捩区的面积,减小了转捩区下游的逆压梯度,增大了流体质点的动能,推迟了边界层分离,抑制了边界层分离导致的大涡初生,降低了因边界层分离产生的低频流激噪声;锯齿前缘可降低前缘与艇身结合处的逆压梯度,削弱马蹄涡源头的强度;锯齿前缘两侧的压差可使得流体产生与马蹄涡旋转方向相反的向下游运动的小涡,可削弱下游马蹄涡的强度,减弱马蹄涡激励而产生的低频流激噪声。但是锯齿前缘产生的小涡会发展到下游增大高频的流激噪声,故锯齿前缘无法对 $f > 1\ 000$ Hz 的流激噪声进行抑制。而且,锯齿前缘增大了前缘高脉动压力区的面积,会增大这一区域的流激噪声,这是其副作用。若因推迟边界层分离与减弱马蹄涡等流动所带来的流激噪声降低效果大于前缘面积增大而增加的流激噪声效果,则整个模型的流激噪声会降低,反之则会增加,可见:锯齿前缘的几何参数是一个重要因素。

9.3 锯齿前缘参数优选

9.3.1 振幅的选择

保持波长为 0.1h 不变,建立 0.025c、0.05c、0.1c 三种含不同振幅锯齿前缘模型。数值计算含不同振幅锯齿前缘模型的流激噪声。图 9−11 为含不同振幅锯齿前缘模型的辐射声功率曲线,表 9−1 为含不同振幅锯齿前缘模型的辐射声功率,可见:随着锯齿前缘振幅的增加,降噪量先变小后变大;振幅 0.025c 和 0.1c 的含锯齿前缘模型的辐射声功率分别降低了 9.95 dB 和 5.19 dB。然而,振幅 0.05c 的锯齿前缘使模型的辐射声功率增大了 4.39 dB。

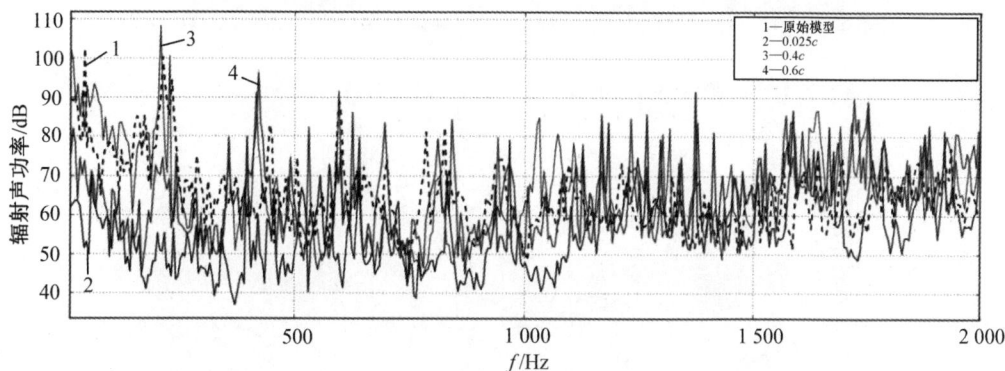

(a) 线性频率

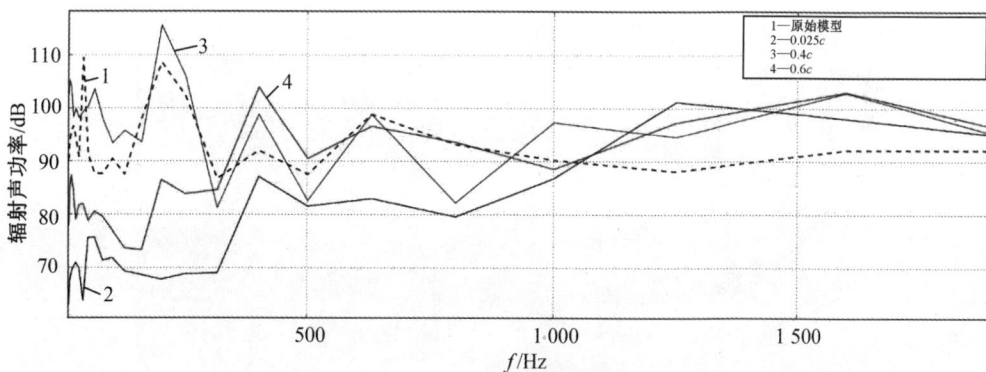

(b)三分之一倍频程

图 9−11 含不同振幅锯齿前缘模型的辐射声功率曲线

表 9−1 含不同振幅锯齿前缘模型的辐射声功率

模型	辐射声功率级/dB	降噪量/dB
原始模型	113.51	0
含振幅 0.025c 锯齿前缘模型	103.97	9.54
含振幅 0.05c 锯齿前缘模型	117.90	−4.39
含振幅 0.1c 锯齿前缘模型	108.32	5.19

图 9 – 12 为含不同振幅锯齿前缘模型的等涡面图,可以看出:随着锯齿前缘振幅的增大,马蹄涡在源头处变小。与图 6 – 11 相比,各个振幅含锯齿前缘模型的马蹄涡均变小;各个振幅含锯齿前缘模型下游的马蹄涡长度均小于原始模型,随着锯齿振幅的增加,马蹄涡长度变短,说明随着锯齿前缘振幅增大,削弱马蹄涡的能力变强。

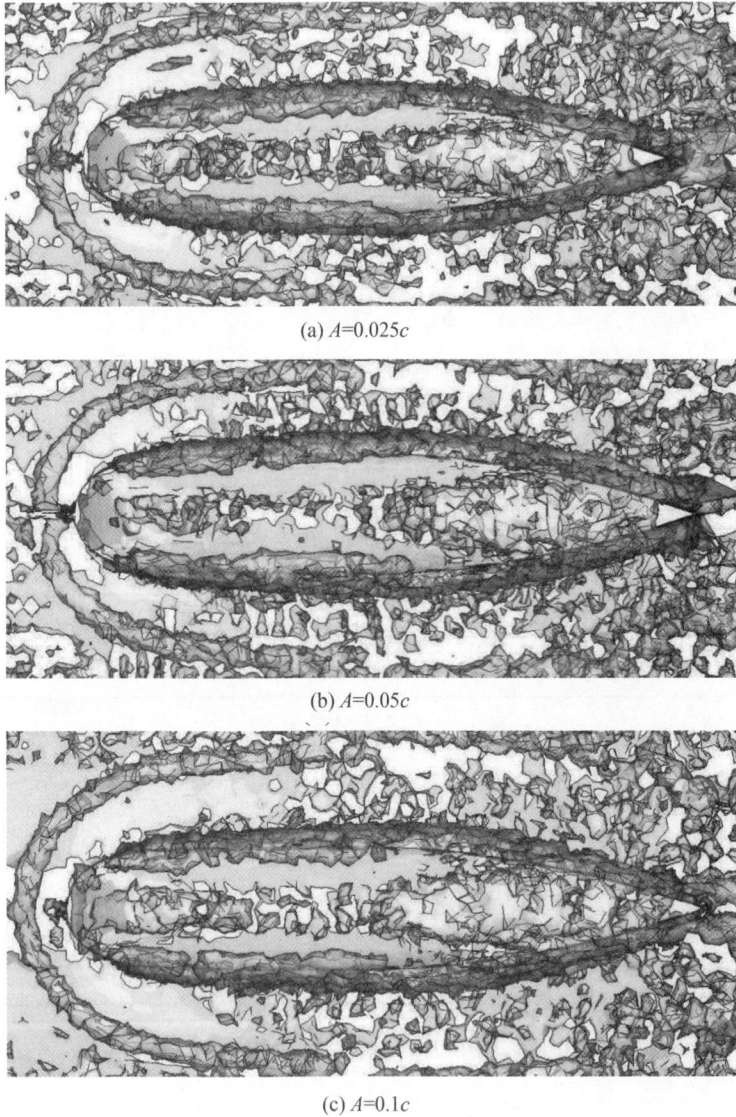

(a) $A=0.025c$

(b) $A=0.05c$

(c) $A=0.1c$

图 9 – 12　含不同振幅锯齿前缘模型的等涡面图

由表 9 – 2 可见:随着锯齿振幅的增大,模型表面的最小压力值变大且大于原始模型。由于表面压力越大,逆压梯度越小,这表明:锯齿前缘模型推迟边界层分离的效果随着锯齿振幅的增加而增大。

表 9 – 2 含不同振幅锯齿前缘模型表面最小压力值

模型	表面最小压力值/N
原始模型	-4.68×10^4
含振幅 $0.025c$ 锯齿前缘模型	-4.21×10^4
含振幅 $0.05c$ 锯齿前缘模型	-3.66×10^4
含振幅 $0.1c$ 锯齿前缘模型	-3.63×10^4

锯齿前缘可控制马蹄涡和推迟边界层分离,降低由这两类流动中大涡产生的低频流激噪声。若不考虑前缘面积的增大,则锯齿前缘振幅越大,锯齿降噪能力越强;但在锯齿高度相同的情况下,锯齿前缘的面积随着振幅增大而增加,故锯齿前缘振幅越大,锯齿前缘面积产生的流激噪声变大,降噪效果将取决于二者之间的比较关系。在振幅为 $0.025c$ 与 $0.1c$ 时,锯齿前缘抑制马蹄涡降低噪声的效果大于锯齿前缘面积增加引起的噪声增大效果,最终流激噪声得到降低。分析图 9 – 11,可见振幅为 $0.05c$ 的含锯齿前缘模型在 $f < 500$ Hz 时的辐射声功率大于原始模型,在 500 Hz $< f <$ 1 000 Hz 时的辐射声功率小于原始模型,说明了锯齿前缘导致的面积增加会引起全频段特别是 $f < 500$ Hz 时的流激噪声增加,而且其效果要大于锯齿前缘控制马蹄涡与推迟边界层分离所降低的流激噪声水平,最终导致辐射声功率级增大 4.39 dB。而振幅为 $0.025c$ 与 $0.1c$ 的含锯齿前缘模型在 $f < 350$ Hz 时的流激噪声显著减小,且振幅为 $0.025c$ 的含锯齿前缘模型因为面积较小,在 350 Hz $< f <$ 550 Hz 时的流激噪声小于原始模型,使得全频段内的降噪效果优于振幅为 $0.1c$ 的含锯齿前缘模型。在 $f >$ 1 000 Hz 时,若锯齿前缘振幅增大,流激噪声增加,说明此时增大的流激噪声来源于锯齿前缘面积的增加。

综上所述,锯齿前缘的振幅越大,推迟边界层分离与削弱马蹄涡的效果就越好,但是前缘驻点处的流激噪声也变大。因此,降噪效果取决于合适的振幅参数。

9.3.2 波长的选择

由 9.3.1 小节分析可知:振幅为 $0.025c$ 的锯齿前缘具有较好的降噪效果。本节分析锯齿前缘波长导致的流激噪声变化情况。保持振幅为 $0.025c$ 不变,建立 $0.2h$、$0.1h$、$0.067h$、$0.05h$ 四种波长的含锯齿前缘模型,数值计算得到这些模型的流激噪声。锯齿前缘部分的面积可由下式求得:

$$S = \frac{1}{2}Ah \qquad (9 - 1)$$

故锯齿前缘的总面积与波长有关。

图 9 – 13 为不同波长含锯齿前缘模型的辐射声功率曲线,表 9 – 3 为不同波长含锯齿前缘模型的辐射声功率。四种波长的含锯齿前缘模型因前缘增大而导致的流激噪声基本相同。由表 9 – 3 可知,四种不同波长含锯齿前缘模型的辐射声功率均小于原始模型,可见:低频段的流激噪声随着锯齿前缘波长的减小而减小,但是不同波长锯齿前缘在高频段的流激噪声基本相同。这说明锯齿前缘波长越小,锯齿前缘削弱马蹄涡和推迟边界层分离的效果越好,降低低频段流激噪声的能力增强,降噪效果变佳。

(a) 线性频率

(b) 三分之一倍频程

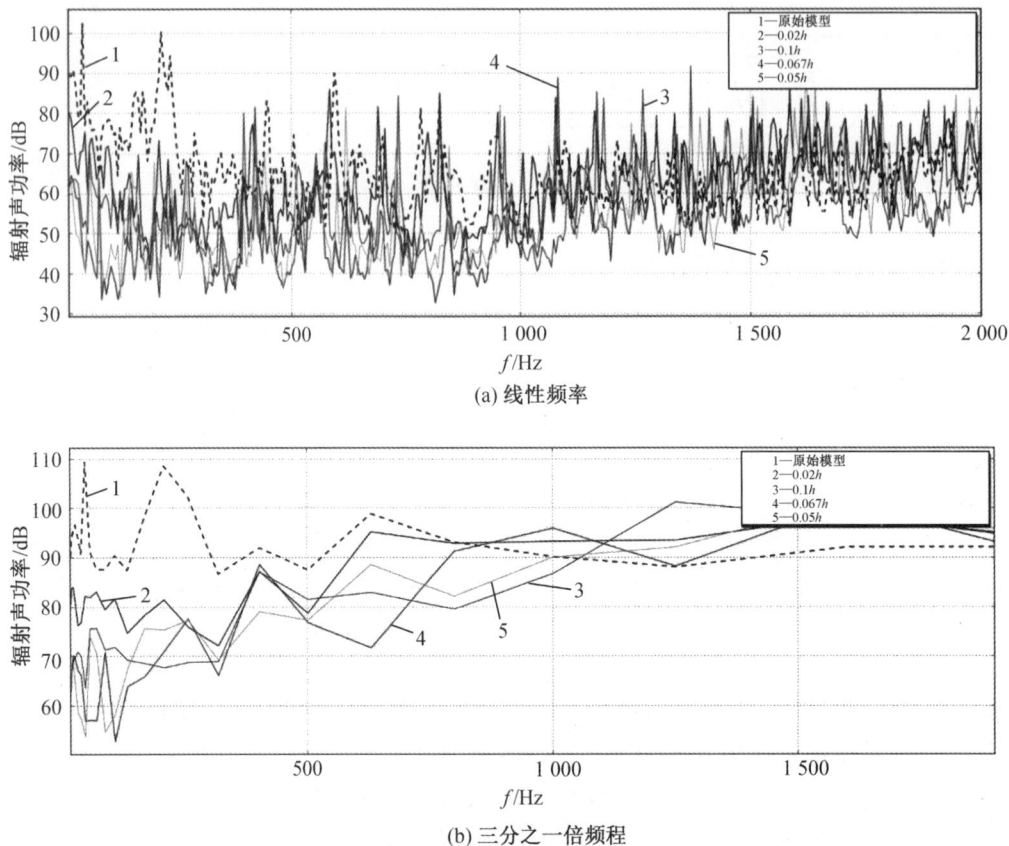

图 9-13 不同波长含锯齿前缘模型的辐射声功率曲线

表 9-3 不同波长含锯齿前缘模型的辐射声功率

模型	辐射声功率级/dB	降噪量/dB
原始模型	113.51	0
含波长 0.2h 锯齿前缘模型	104.56	8.95
含波长 0.1h 锯齿前缘模型	103.97	9.54
含波长 0.067h 锯齿前缘模型	103.34	10.17
含波长 0.05h 锯齿前缘模型	103.32	10.19

综上所述,振幅为 0.025c、波长为 0.05h 的锯齿前缘具有最佳的降噪效果,降噪量为 10.19 dB,后续将以此为基础开展锯齿前缘模型的设计,进行水动力噪声试验验证。

9.3.3 锯齿前缘在空气与水中降噪效果的比较

前面计算分析了锯齿前缘在指挥台围壳-艇身模型上的降噪机理,与气动噪声研究结果相比较,其差别如下。

(1)锯齿前缘在空气与水中均改变了模型表面的压力分布,推迟了表面边界层分离,降低了边界层分离产生的噪声。

（2）水中的锯齿前缘在源头与路径上削弱了马蹄涡,降低了马蹄涡产生的流激噪声;而空气中的锯齿前缘大多应用于孤立叶片与翼型,形不成马蹄涡,故气动噪声的研究成果中未发现锯齿前缘抑制马蹄涡的效果。

（3）锯齿前缘增大了指挥台围壳前缘高脉动压力区域的面积,对流激噪声产生了副作用,前缘处的高脉动压力来源于迎流冲击与表面边界层分离产生的涡,气动噪声中无须考虑该副作用;因为前缘高脉动压力的存在,在水中锯齿前缘的降噪量随振幅增大先减小后增大,振幅为 $0.025c$ 时具有较好的降噪效果;而在空气中,降噪量随着锯齿振幅增大而增大;无论在空气还是水中,锯齿前缘降噪效果均随着波长减小而增大,在锯齿波长为 $0.05h$ 时具有较好的降噪效果。

（4）在本研究中,振幅为 $0.025c$、波长为 $0.05h$ 的锯齿前缘能够使原模型的流激噪声降低达到 10.19 dB,具有最佳的降噪效果。

9.4　本　章　小　结

本章在指挥台围壳–艇身模型中开展了锯齿前缘重构,分析了不同振幅和不同波长的锯齿前缘的降噪机理,总结了降噪效果与锯齿前缘振幅和波长的关系,结论如下。

（1）锯齿前缘推迟了表面边界层分离,减弱了由边界层分离产生的低频流激噪声;锯齿前缘降低了源头处马蹄涡的逆压梯度,削弱了其强度;锯齿前缘两侧的压差可使得流体产生与马蹄涡旋转方向相反的涡,削弱了下游马蹄涡的强度;但是,锯齿增大了前缘面积,使得此区域产生了较大的流激噪声,且锯齿前缘产生的小涡发展到下游,使得高频的流激噪声增大。

（2）锯齿前缘振幅的增大会使得控制马蹄涡与边界层分离产生低频段流激噪声的效果变好,但是锯齿前缘振幅增大导致了前缘面积的增大,增大了前缘部分的流激噪声,造成流激噪声随着锯齿前缘振幅的增大先增加后减小。

（3）锯齿前缘波长的减小会减小控制马蹄涡与边界层分离产生低频段的流激噪声;锯齿前缘波长越小,降噪效果越好。

（4）振幅为 $0.025c$、波长为 $0.05h$ 的锯齿前缘降噪效果最佳,可使频率为 10～2 000 Hz 的流激噪声辐射声功率级降低 10.19 dB。

第 10 章　仿生翼形尾缘的降噪机理研究

10.1　仿生翼形尾缘概述

猫头鹰羽毛的尾缘大大降低了它在飞行时的气动噪声,因为该尾缘除具有锯齿构形外,还有流道,故将此带流道的锯齿形尾缘称为仿生翼型尾缘。本章将指挥台围壳的尾缘重构成仿生翼型尾缘,分析其降噪机理,为降低水下航行器的水动力噪声提供新的方法。

图 10-1 为猫头鹰翅膀的梳子状尾缘构型。目前,仿生翼形尾缘构形有两种:一是原始翼形尾缘处添加短的平板,在平板上切割出锯齿,称为外接形锯齿;二是在原始翼型尾缘上向内直接切割成锯齿,称为内切形锯齿。附加短平板会影响指挥台围壳的水动力性能。由第 9 章的分析可知,锯齿前缘增大了指挥台围壳前缘高脉动压力区的面积,增大了该区域的流激噪声,若采用外接型锯齿肯定会增大指挥台围壳尾缘高脉动压力区域的面积,产生副作用,故本书研究中选用内切形的锯齿构型。图 10-2 为施加内切型仿生翼型尾缘的指挥台围壳示意图。仿生翼型尾缘的参数有振幅 A 与波长 λ。下面以振幅为 $0.1c$,波长为 $0.1h$ 的仿生翼型尾缘为例,分析其流动控制与降噪机理,并改变尾缘的振幅与波长,确定具有最佳降噪效果的仿生翼型尾缘结构参数。

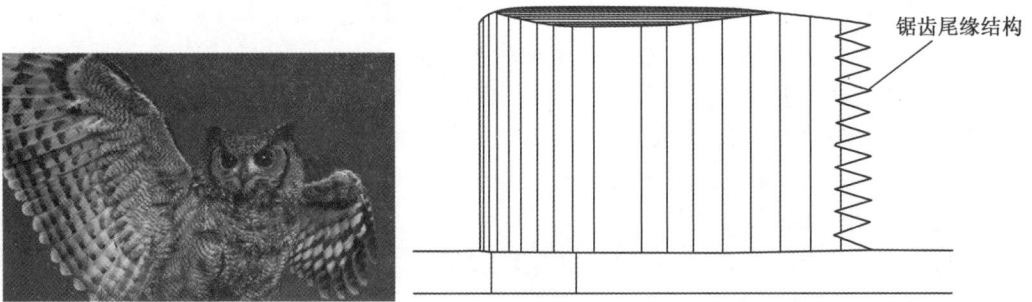

图 10-1　猫头鹰翅膀的梳子状尾缘构型　图 10-2　施加内切型仿生翼型尾缘的指挥台围壳示意图

10.2　仿生翼型尾缘的降噪机理分析

国内外学者认为仿生翼型尾缘降低气动噪声的机理是推迟表面边界层分离,并对锯齿结构推迟边界层分离的原因提出了多种解释。但是,由于水动力噪声与气动噪声存在着巨大差异,这些解释是否在水动力噪声治理方面有效,仍需进行研究。

为便于分析仿生翼型尾缘的流动情况,设置参考截面 Z_1、Z_2,如图 10-3 所示。Z_1 为指

挥台围壳高度方向中心近齿尖处截面;Z_2
为指挥台围壳高度方向中心近齿根处
截面。

　　内切型锯齿可改变指挥台围壳尾缘处
的压力分布,仿生翼型尾缘的锯齿类似于
有迎角的平板,两侧会存在压力差。图
10－4为原始模型与仿生翼型尾缘模型尾
缘局部压力云图,可以发现:原始模型尾缘
左右两侧压力基本呈对称分布,两侧不存
在压力差;而仿生翼型尾缘模型尾缘的右
侧压力小于左侧(迎流方向),该压力差会
使得流体质点在流向运动的时候,也从高
压处向低压处运动,进而产生旋涡。

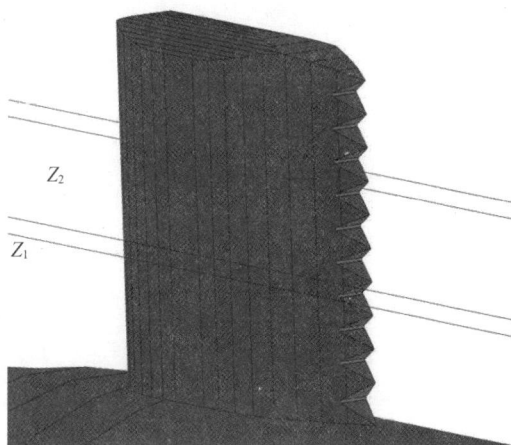

图 10－3　Z_1、Z_2 截面示意图

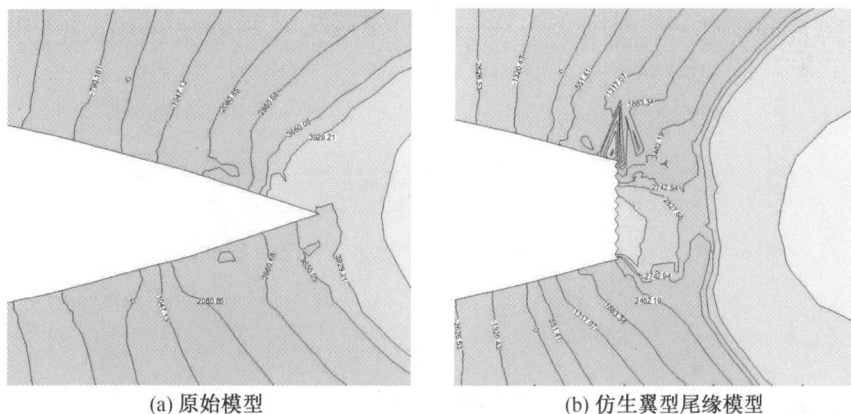

(a) 原始模型　　　　　　　　　　(b) 仿生翼型尾缘模型

图 10－4　原始模型与仿生翼型尾缘模型 Z_2 截面尾缘处局部压力云图

　　如图 10－5 所示,在锯齿结构间存在一对旋转方向相反的流
向涡,流向涡的存在将会为指挥台围壳尾缘的壁面边界层注入
能量,促进边界层内外动量交换,推迟乃至抑制指挥台围壳尾缘
壁面湍流边界层的分离。

　　为探究仿生翼型尾缘抑制边界层分离的能力,在 Z_1 截面处
取 A_1、B_1、C_1 三点,分别位于齿根、齿中及齿尖。图 10－6 为这三
点在指挥台围壳位置示意图。

　　图 10－7 所示为 A_1、B_1、C_1 三点边界层速度分布情况曲线
图,横坐标 u/U 表示速度与来流速度(8.68 m/s)的比值,纵坐标
y/c 表示围壳表面法线距离与其弦长的比值。

图 10－5　锯齿结构间旋转
方向相反的流向涡

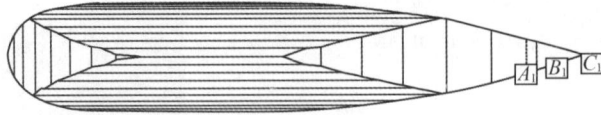

图 10-6　A_1、B_1、C_1 三点在指挥台围壳位置示意图

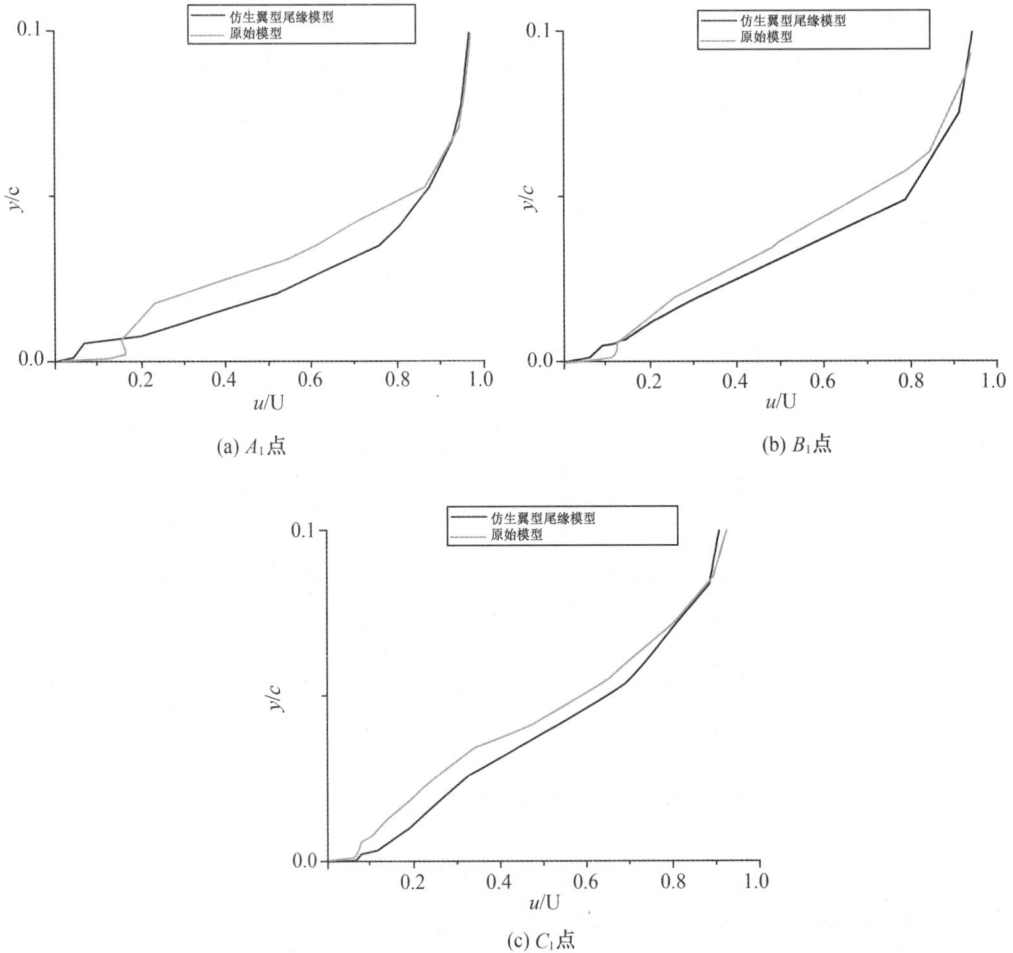

(a) A_1点

(b) B_1点

(c) C_1点

图 10-7　A_1、B_1、C_1 三点边界层速度分布情况曲线图

由图 10-7 可见,在 A_1、B_1 点原始模型的壁面处速度存在负梯度,速度曲线为反 S 形,说明在 A_1、B_1 两点位置处,原始模型存在着边界层分离;仿生翼型尾缘模型近壁面处速度不存在负梯度,说明在这两点并未发生边界层分离。这表明:仿生翼型尾缘有效推迟了壁面湍流边界层的分离,减小因边界层分离产生的低频流激噪声。C_1 点处在模型尾缘点的位置,两模型均不存在边界层分离的现象。

分析图 10-8 所示两模型的尾迹,可见:仿生翼型尾缘模型的尾迹衰减更快、宽度更大。由于尾迹是因表面边界层产生的,说明仿生翼型尾缘使得模型表面的边界层厚度增大,推迟分离。

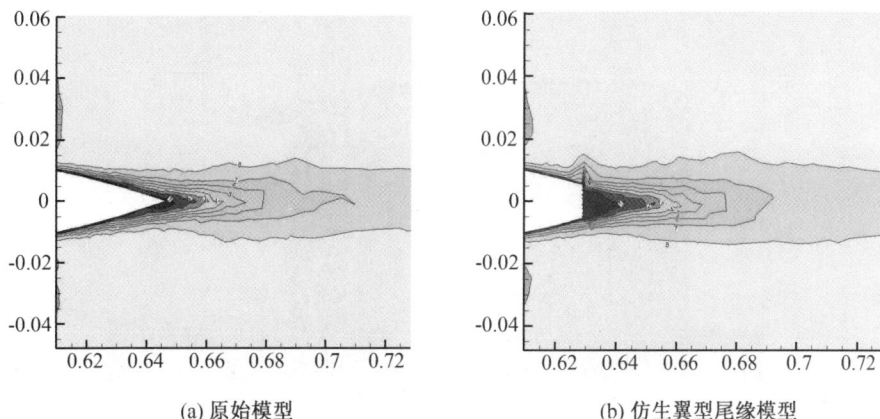

(a) 原始模型   (b) 仿生翼型尾缘模型

图 10-8 原始模型与仿生翼型尾缘模型尾迹分布情况

图 10-9 为原始模型与仿生翼型尾缘模型 A 截面处不同时刻流线图,可见:原始模型在 $x=0.620$ m 处产生边界层分离涡,分离涡向下游运动,涡核心不断增大,在尾缘处脱落,进入尾迹;仿生翼型尾缘模型在 $x=0.628$ m 处产生分离涡,且涡核心面积小于原始模型,脱落涡变得细小,脱落速度更快。这说明仿生翼型尾缘有效推迟了模型表面的边界层分离,使得尾缘脱落涡变得更加细小,脱落速度更快。

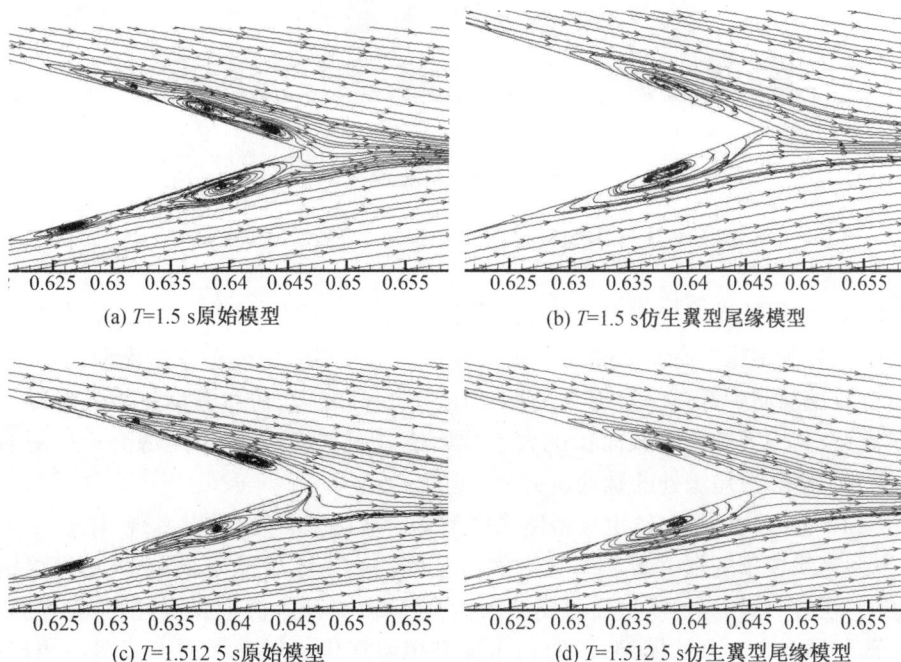

(a) $T=1.5$ s原始模型   (b) $T=1.5$ s仿生翼型尾缘模型

(c) $T=1.512$ 5s原始模型   (d) $T=1.512$ 5s仿生翼型尾缘模型

图 10-9 两模型 A 截面处不同时刻处流线图

图 10-10 所示为原始模型与仿生翼型尾缘模型表面等涡面,可以发现:仿生翼型尾缘延缓了边界层分离产生的涡,在尾缘处涡脱落更快,涡更小、更碎,尾迹中会产生更多的小涡。仿生翼型尾缘会降低大涡结构产生的低频段脉动压力,减小低频段的流激噪声,但是因为增多了尾迹中的小涡,会增大高频段的压力脉动与流激噪声。

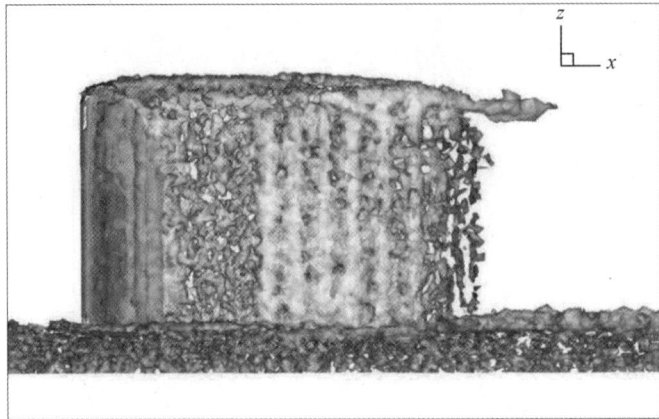

(a) 原始模型

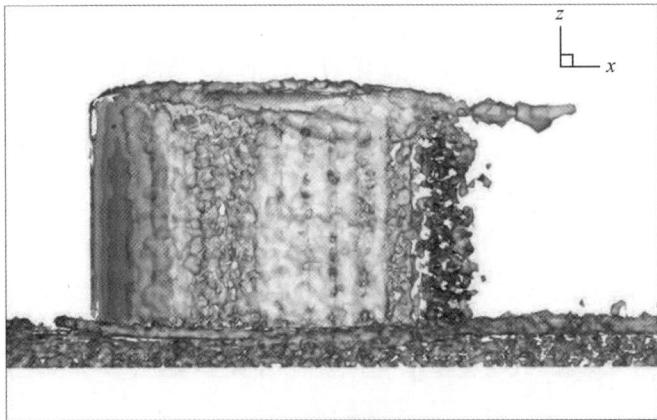

(b) 仿生翼型尾缘模型

图 10 – 10 原始模型与仿生翼型尾缘模型表面等涡面

图 10 – 11 为原始模型与仿生翼型尾缘模型表面脉动压力云图,可以发现:仿生翼型尾缘模型在中低频段尾缘处高压力脉动的面积与脉动压力幅值均小于原始模型,表明仿生翼型尾缘可有效地削弱中低频段尾缘处的脉动压力;在高频段,仿生翼型尾缘的脉动压力值大于原始模型,高压力脉动区域面积也大于原始模型,说明仿生翼型尾缘会产生更多细小的碎涡,增大了高频段尾缘处的脉动压力。

图 10 – 12 为原始模型与仿生翼型尾缘模型辐射声功率曲线,可以发现:在 $f < 1\ 150$ Hz 时,仿生翼型尾缘模型的辐射声功率除个别频点外均小于原始模型,仿生翼型尾缘模型中低频段的流激噪声相较原始模型显著偏低;而 $f > 1\ 150$ Hz 时,仿生翼型尾缘模型的辐射声功率在大部分频点大于原始模型,说明仿生翼型尾缘产生的细小涡增大了尾迹湍流强度,增加了高频段的流激噪声。仿生翼型尾缘对边界层的分离延缓与尾缘处大涡的破碎,在 $10 \sim 2\ 000$ Hz 范围内较好地降低了指挥台围壳的流激噪声。仿生翼型尾缘模型相较原始模型的辐射声功率级减小 10.37 dB。因而可以推测:不同几何尺度的仿生翼型尾缘延缓边界层分离、破碎大涡的能力不同,降噪效果也不尽相同,故研究仿生翼型尾缘的振幅与波长对降噪效果的影响是有重要意义的。

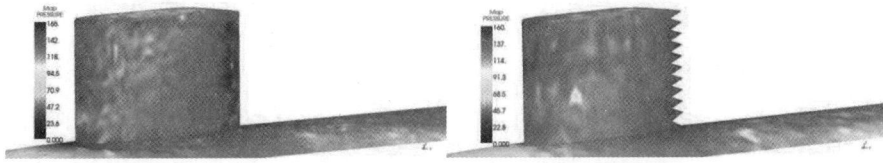

(a)f =50 Hz

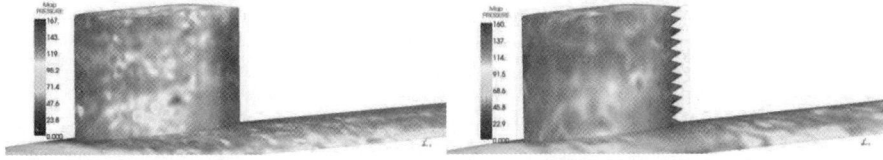

(b)f =100 Hz

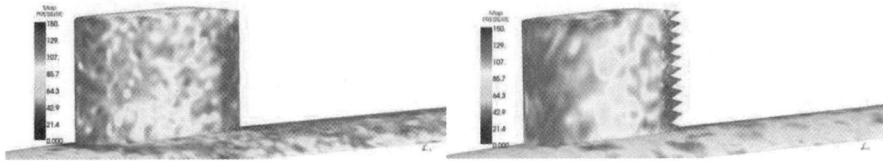

(c)f =400 Hz

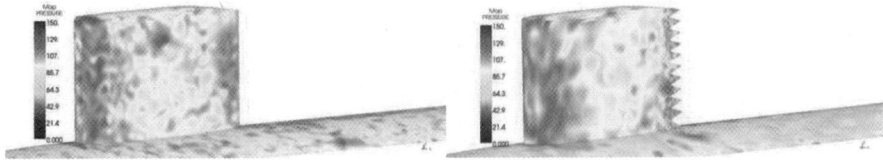

(d)f =800 Hz

(e)f =1 000 Hz

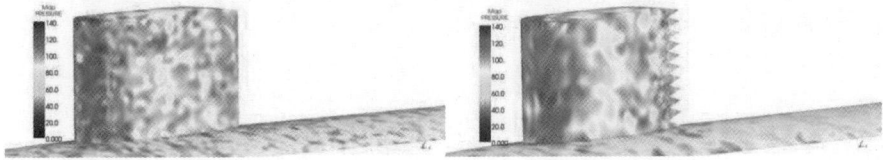

(f)f =1 600 Hz

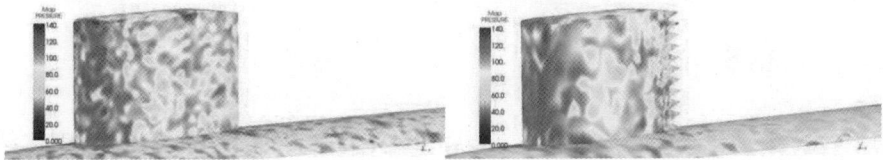

(g)f =2 000 Hz

图 10 – 11　原始模型(左)与仿生翼型尾缘模型(右)表面脉动压力云图

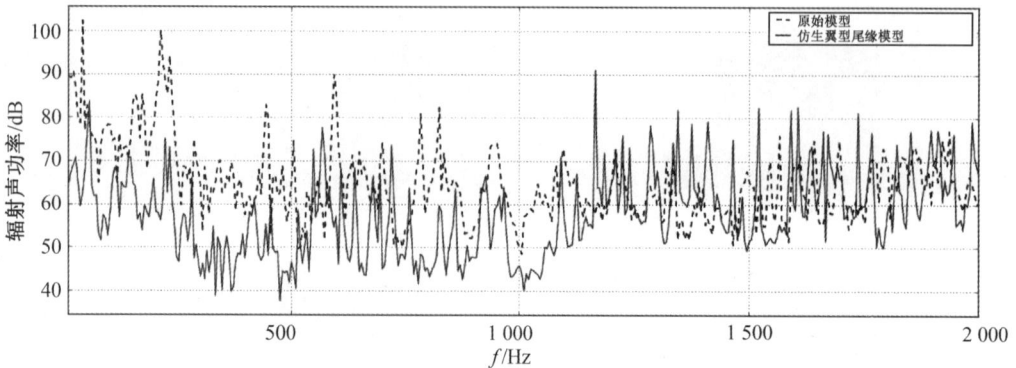

(a) 线性频率

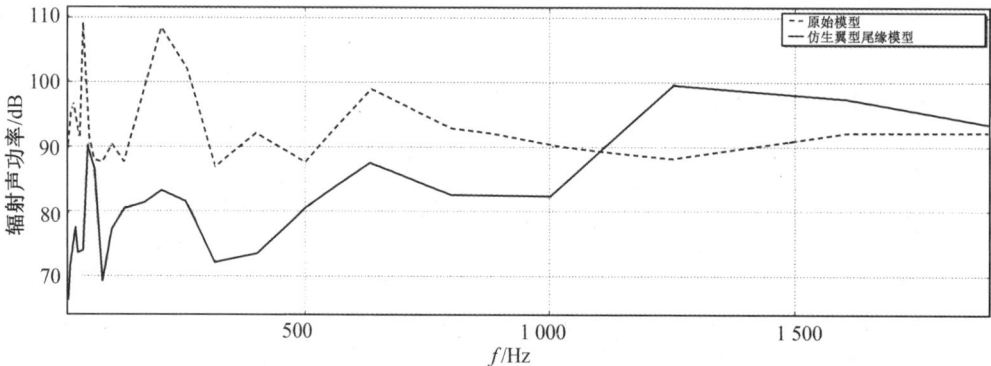

(b) 三分之一倍频程

图 10 - 12　原始模型与仿生翼型尾缘模型辐射声功率曲线

综合上述分析,可以得到仿生翼型尾缘的降噪机理如下:仿生翼型尾缘使得模型尾缘的两侧产生压力差,流体质点在流向运动的时候,还从高压处向低压处运动,产生流向的旋涡,流向涡会为指挥台围壳的尾缘壁面边界层注入能量,促进边界层内外动量交换,延缓甚至抑制指挥台围壳尾缘壁面湍流边界层的分离;仿生翼型尾缘使得尾缘处涡脱落更加迅速,涡更小更碎,降低在 $f < 1\ 150$ Hz 时指挥台围壳因边界层分离与尾涡脱落产生的流激噪声;但是仿生翼型尾缘使得指挥台围壳的尾迹中产生更多的小涡,会增大 $f > 1\ 150$ Hz 时的压力脉动与流激噪声。

10.3　仿生翼型尾缘的参数优选

10.3.1　振幅的选择

保持波长为 $0.1h$ 不变,建立 $0.025c$、$0.05c$、$0.1c$ 三种不同振幅的仿生翼型尾缘模型,数值计算不同振幅仿生翼型尾缘模型的流激噪声。图 10 - 13 为不同振幅仿生翼型尾缘模型的辐射声功率曲线,表 10 - 1 为不同振幅仿生翼型尾缘模型的辐射声功率。三种振幅的仿生翼型尾缘模型的流激噪声均小于原始模型,而且振幅越大,模型低频段的流激噪声越小,说明了随着振幅的增大,其推迟边界层分离的能力增强。但是三个模型在高频段流激噪声的辐射声功率相差不大,且 $0.1c$ 振幅的仿生翼型尾缘模型在高频段的流激噪声最小,说明了振幅增大没有使得破碎的小涡变多并增大高频段的流激噪声。由于锯齿为内切,未增大尾缘处高脉动压力区域的面积,并没有产生锯齿前缘增大振幅所带来的副作用。

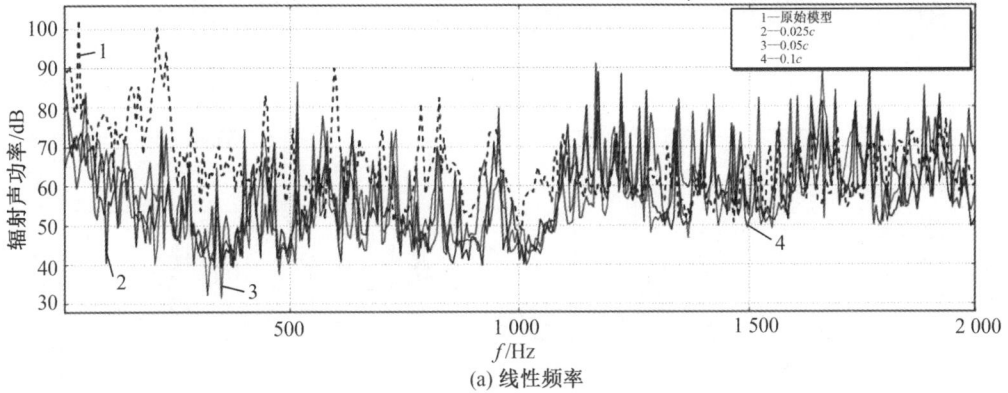

(a) 线性频率

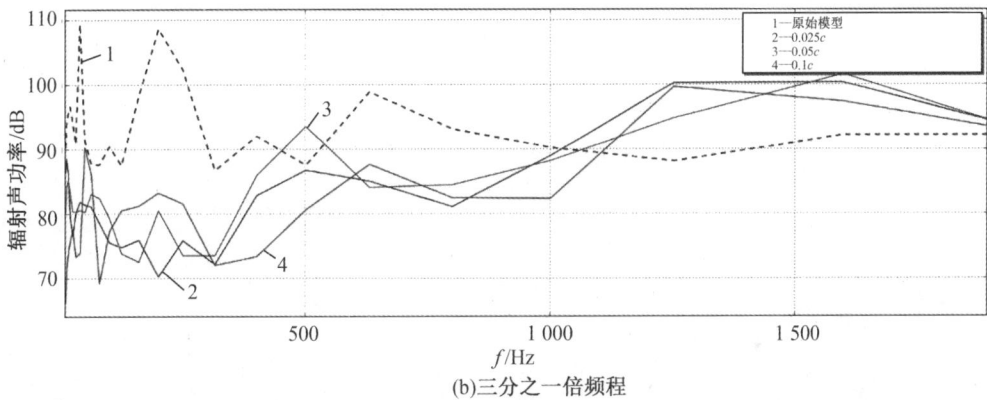

(b)三分之一倍频程

图 10-13 不同振幅仿生翼型尾缘模型的辐射声功率曲线

表 10-1 不同振幅仿生翼型尾缘模型的辐射声功率

模型	辐射声功率级/dB	降噪量/dB
原始模型	113.51	0
振幅 $0.025c$ 仿生翼型尾缘模型	104.60	8.91
振幅 $0.05c$ 仿生翼型尾缘模型	104.23	9.28
振幅 $0.1c$ 仿生翼型尾缘模型	103.14	10.37

10.3.2 波长的选择

保持振幅为 $0.1c$ 不变,建立 $0.2h$、$0.1h$、$0.067h$、$0.05h$ 四种不同波长仿生翼型尾缘模型,通过数值计算得到它们的流激噪声。图 10-14 为不同波长仿生翼型尾缘模型的辐射声功率曲线,表 10 - 2 为不同波长仿生翼型尾缘模型的辐射声功率,可见:四种不同波长的仿生翼型尾缘模型的辐射声功率级均小于原始模型。在低频段,随着波长的减小,流激噪声变小,说明波长越小,推迟边界层分离的能力增强,但是波长越小,锯齿数越多,尾缘处大涡破碎产生的小涡越多,导致高频段的流激噪声增大,这与锯齿前缘模型随着锯齿前缘波长减小降噪量变大的结论不同。在 10 ~ 2 000 Hz 范围内,仿生翼型尾缘模型的降噪量随着波长的减小先增大后减小。在波长 $\lambda = 0.1h$ 时,降噪效果最佳,流激噪声的辐射声功率降低了 10.37 dB。

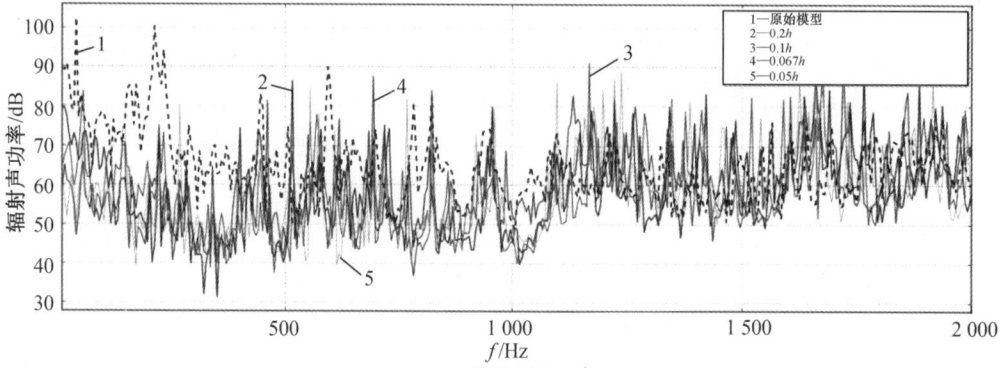

(a) 线性频率

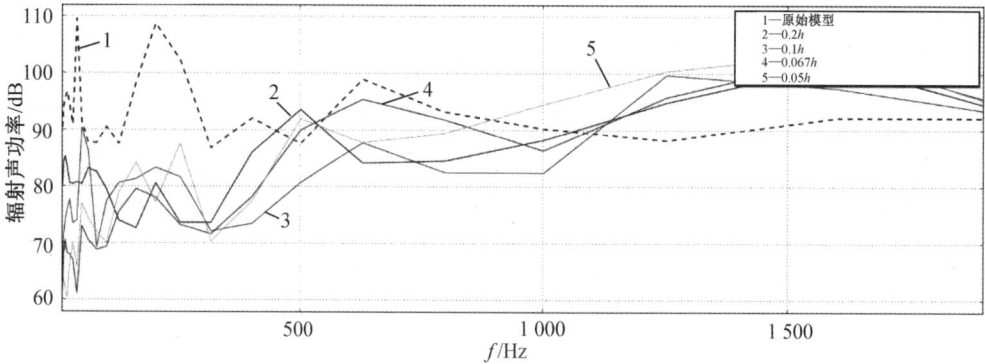

(b) 三分之一倍频程

图 10 - 14　不同波长仿生翼型尾缘模型的辐射声功率曲线

表 10 - 2　不同波长仿生翼型尾缘模型的辐射声功率

模型	10 ~ 2 000 Hz 级/dB	10 ~ 1 000 Hz 级/dB	10 ~ 2 000 Hz 降噪量/dB	10 ~ 1 000 Hz 降噪量/dB
原始模型	113.51	106.49	0	0
0.2h 模型	104.23	91.19	9.28	15.3
0.1h 模型	103.14	90.84	10.37	15.65
0.067h 模型	105.27	89.81	8.24	16.68
0.05h 模型	106.47	88.28	7.04	18.21

综上所述,在 10 ~ 2 000 Hz 范围内,振幅为 0.1c、波长为 0.1h 的仿生翼型尾缘具有最佳的降噪效果,降噪量为 10.37 dB;在 10 ~ 1 000 Hz 范围内,振幅为 0.1c、波长为 0.05h 的仿生翼型尾缘具有最佳的降噪效果,降噪量为 18.21 dB。

10.4　锯齿前缘与仿生翼型尾缘降噪机理的异同

本书分别对锯齿前缘与仿生翼型尾缘控制指挥台围壳不稳定流动、降低指挥台围壳流激噪声的机理进行了分析。两者皆为锯齿结构,只是仿生翼型尾缘多了流道。两者降低指挥台围壳流激噪声的效果相近,但是两者控制机理存在着异同,总结如下。

锯齿前缘与仿生翼型尾缘均对可推迟指挥台围壳表面的边界层分离,降低因边界层分离产生大涡导致的流激噪声。锯齿前缘主要是通过改变表面压力分布推迟边界层分离的;仿生翼型尾缘是通过锯齿两侧流动交换为边界层注入能量推迟边界层分离的,效果优于锯齿前缘。

锯齿前缘与仿生翼型尾缘的两侧可有效交换流动,是其进行流动与噪声控制的主要原因,锯齿前缘的流动交换产生的横向涡削弱了下游的马蹄涡,发展到下游为指挥台围壳尾缘处的边界层注入能量,推迟了指挥台围壳尾缘处的边界层分离。但因发展距离远,作用效果较弱,仿生翼型尾缘的流动交换产生的横向涡直接为指挥台围壳尾缘处边界层注入能量,推迟边界层分离,作用效果较强。

锯齿前缘还改变了指挥台围壳前缘与艇身结合处的逆压梯度,在源头处削弱了马蹄涡,仿生翼型尾缘则加快了指挥台围壳尾缘处的大涡破碎。

锯齿前缘与仿生翼型尾缘均可控制 $f<1\,000$ Hz 时的流激噪声,在高频段均产生了副作用,锯齿前缘的副作用来自于增大指挥台围壳前缘高脉动压力区域的面积,在全频段范围内增大了该部分的流激噪声,仿生翼型尾缘的副作用来自于增多了尾缘处的小涡,增大了高频段的流激噪声。

因为增大了前缘高脉动压力区域面积,锯齿前缘的降噪量随着锯齿前缘振幅增大先减小后增大,而仿生翼型尾缘的降噪量随着锯齿前缘振幅增大而增大;锯齿前缘的降噪量随着波长减小而增大,因为会增加尾缘处的小涡,仿生翼型尾缘在全频段内的降噪量随着波长减小先增大后减小。

10.5　本 章 小 结

本章将猫头鹰尾缘进行重构,通过数值计算振幅为 0.1c、波长为 0.1h 的仿生翼型尾缘的流动控制与降噪机理,分析了降噪量与振幅和波长的关系,得到如下结论:

(1)仿生翼型尾缘有效推迟了尾缘部分的边界层分离,推迟了边界层分离产生的涡的初生;仿生翼型尾缘使得尾缘处大涡破碎成更多细小的涡,加快了尾缘处的涡脱落,降低了因边界层分离与尾涡脱落产生的 $f<1\,150$ Hz 时的流激噪声。但是,仿生翼型尾缘将大涡破碎成小涡,增大了 $f>1\,150$ Hz 时流激噪声。

(2)振幅越大,推迟边界层分离的能力越强,且振幅的增大没有使得破碎的小涡变多而增大高频段的流激噪声,因此,振幅越大,降噪效果越好。

(3)波长越小,推迟边界层分离、降低低频段流激噪声的能力越强,但是波长越小,尾缘处破碎小涡数量越多,导致模型高频段的流激噪声越大,使得降噪量随波长的减小先增大后减小。

(4)在 10 ~ 2 000 Hz 范围内,振幅为 0. 1c、波长为 0. 1h 的仿生翼型尾缘具有最佳的降噪效果,降噪量为 11. 29 dB;在 10 ~ 1 000 Hz 范围内,振幅为 0. 1c、波长为 0. 05h 的仿生翼型尾缘具有最佳的降噪效果,降噪量为 18. 21 dB。

第11章 机械式涡流发生器与锯齿前缘的降噪效果试验验证

11.1 湍流脉动压力激励模型产生辐射噪声的理论

混响箱受到尺寸的限制,存在测量频率下限。为弥补此不足,通过测量湍流脉动压力,评价模型低频段的水动力噪声。

假设在空间上湍流脉动压力起伏均匀,仅考虑湍流脉动压力激励模型产生振动,忽略湍流脉动压力的自噪声,模型各向同性,服从弹性理论。

设 $p(x,y,t)$ 为作用在模型表面的湍流脉动压力,进行波数 – 频率谱分解,有

$$p(x,y,t) = \iiint S(k_x,k_y,\omega) e^{i(k_x x + k_y y - \omega t)} dk_x dk_y d\omega \qquad (11-1)$$

引入波数 – 频率传递函数 $H(k_x,k_y,z,\omega)$ 来表示湍流脉动压力激励无限大平板的响应,将湍流脉动压力激励系统任一点的随机场表示为

$$F(x,y,z,t) = \iiint S(k_x,k_y,\omega) H(k_x,k_y,z,\omega) e^{i(k_x x + k_y y - \omega t)} dk_x dk_y d\omega \qquad (11-2)$$

定义复数形式随机场的时 – 空相关函数

$$R(L,D,z_1,z_2,\tau) = \langle F(x,y,z_1,t) F^*(x-L,y-D,z_2,t-\tau) \rangle \qquad (11-3)$$

$\langle \rangle$ 表示集平均,将式(11 –2)代入式(11 –3)并利用式(11 –4):

$$\langle S(k_x,k_y,\omega) S^*(k'_x,k'_y,\omega) \rangle = G_s(k_x,k_y,\omega) \delta(\omega - \omega') \delta(k_x - k'_x) \delta(k_y - k'_y) \qquad (11-4)$$

得到随机场的时 – 空相关函数:

$$R(L,D,z_1,z_2,\tau) = \iiint H(k_x,k_y,z_1,\omega) G_s(k_x,k_y,\omega) H^*(k_x,k_y,z_2,\omega) e^{i(k_x L + k_y D - \omega \tau)} dk_x dk_y d\omega \qquad (11-5)$$

其中,$G_s(k_x,k_y,\omega)$ 是压力起伏的波数 – 频率谱密度函数,由下式给出。

$$G_s(k_x,k_y,\omega) = \frac{1}{(2\pi)^2} \iint g_s(\xi,\zeta,\omega) e^{-(k_x \xi + k_y \zeta)} d\xi d\zeta \qquad (11-6)$$

$g_s(\xi,\zeta,\omega)$ 是压力起伏的互谱密度函数,由式(11 –5)得随机场互谱密度函数,为

$$G(L,D,z_1,z_2,\omega) = \iint H(k_x,k_y,z_1,\omega) G_s(k_x,k_y,\omega) H^*(k_x,k_y,z_2,\omega) e^{i(k_x L + k_y L)} dk_x dk_y \qquad (11-7)$$

采用 Corcos 模型来表征湍流边界层压力起伏,互谱密度可表示为

$$g_s(\xi,\zeta,\omega) = g_s(\omega) e^{-C_1 K_C |\xi| + C_2 K_C |\zeta|} e^{-iK_C \xi} \qquad (11-8)$$

其中,C_1 与 C_2 是两个与表面粗糙度有关的常数,$K_C = \omega_c / U_C$ 为迁移波数,U_C 为迁移湍流速

度,由式(11-8)得波数-频率谱,为

$$G_s(k_s, k_y, \omega) = \frac{g_s(\omega)}{\pi^2} \frac{C_1 K_C}{(k_x - K_C)^2 + C_1^2 K_C^2} \cdot \frac{C_2 K_C}{k_y^2 + C_2^2 K_C^2} \qquad (11-9)$$

忽略 k_y 方向的随机性,则

$$G_s(k_x, k_y, \omega) = \frac{g_s(\omega)}{\pi} \frac{C_1 K_C}{(k_x - K_C)^2 + C_1^2 K_C^2} \delta(k_y) \qquad (11-10)$$

即式(11-8)中的互谱密度与 ξ 无关,于是式(11-7)简化为

$$G(L, z_1, z_2, \omega) = \frac{g_s(\omega)}{\pi} \int_{-\infty}^{+\infty} \frac{C_1 K_C}{(k - K_C)^2 + C_1^2 K_C^2} H(k, z_1, \omega) H^*(k, z_2, \omega) e^{ikL} dk$$

$$(11-11)$$

应用留数定理,得

$$G(L, z_1, z_2, \omega) \approx G_1(L, z_1, z_2, \omega) + G_2(L, z_1, z_2, \omega) \qquad (11-12)$$

$$G_1(L, z_1, z_2, \omega) = g_s(\omega) H(\tilde{K}_C, z_1, \omega) H^*(K_C, \tilde{z}_2, \omega) e^{i\tilde{K}_c L} \qquad (11-13)$$

式(11-13)表示模型对直接传递的湍流脉动压力迁移峰,噪声场特性与湍流脉动压力起伏类似;

$$G_2(L, z_1, z_2, \omega) = 2ig_s(\omega) \sum_{n=1}^{\infty} \mathrm{Res} \left\{ \frac{C_1 K_C}{(k - K_C)^2 + C_1^2 K_C^2} \cdot H(k, z_1, \omega) H^*(k, z_2, \omega) e^{ikL} \right\}$$

$$(11-14)$$

式(11-14)表示压力起伏激励结构共振产生的再辐射,表明了通过脉动压力传感器测量湍流脉动压力,进行波数-频率谱变换,可以用来估计模型的辐射噪声。

11.2　试验设施简介

　　图11-1为重力式低噪声水洞全景图,由水箱、工作段、扩散段、整流段、收缩段等组成,试验模型安装在工作段内,工作段两端安装有铁砂箱与亥姆霍兹消声器,可降低高速水流经过管路时产生的振动及噪声,降低背景噪声干扰。

图 11-1　重力式低噪声水洞全景图

　　重力式低噪声水洞的工作段为矩形,长度为3 m,宽度与高度均为0.4 m。试验模型安装在长为1.4 m的上盖板的倒凸型开口内,通过螺栓与上盖板紧固,工作段两侧面为有机玻璃,便于观察工作段内的水位,且具有良好的透声性能,图11-2为重力式低噪声水洞工作段。

　　工作段外为一长4 m、宽3 m、高2 m的混响箱,混响箱由不锈钢框架与玻璃钢制成,箱底进行了隔振处理。可通过水听器阵测得混响控制区内的空间平均声压,以计算模型水动

力噪声的辐射声功率。混响箱可使水听器在静水中测量,避免了水流冲击的影响,混响箱的截止频率约为 500 Hz。

通过工作台控制阀门的组合开闭,可以获得 1 ~ 14 m/s 范围内不同的流速,工作台还可以监测水洞的水位。

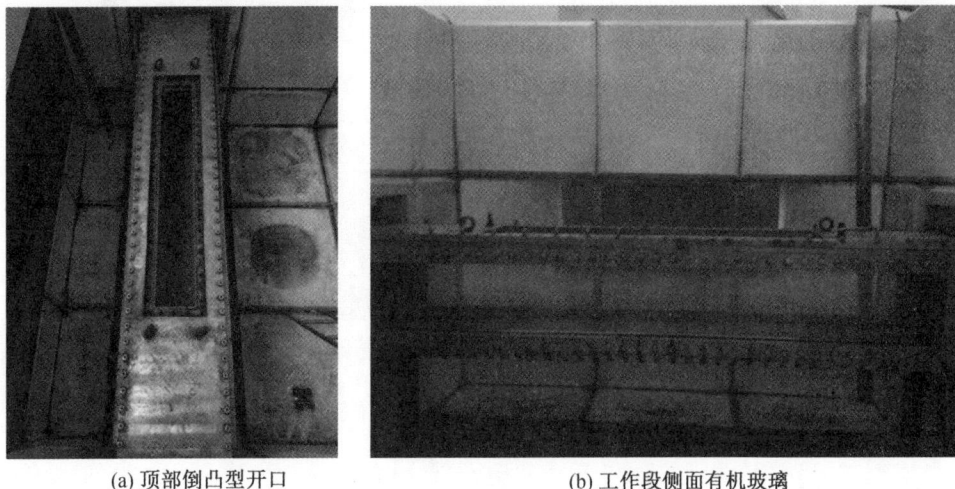

(a) 顶部倒凸型开口 (b) 工作段侧面有机玻璃

图 11 - 2 重力式低噪声水洞工作段

11.3 试验模型与测量设备

数值模拟的指挥台围壳 - 艇身模型长为 1.59 m,无法安装至上端盖的倒凸型空间内。为保证指挥台围壳前缘部分能够产生马蹄涡,故截去模型的尾部,最终模型长度为 1.4 m。同时,将指挥台围壳顶部复杂的曲面简化为平面,以缩短加工周期和降低加工成本,模型厚度为 2 mm,材料为碳钢。指挥台围壳与前半段艇身采用电火花切割工艺加工,艇身后半段折弯加工成型,指挥台围壳与前后段艇身进行焊接。指挥台围壳 - 艇身模型固定在厚度为 25 mm 的法兰上,采用低温焊接的方式保证 2 mm 厚的钢板不变形。指挥台围壳顶端位置开孔,内部加工螺纹凸台以安装脉动压力传感器。分别加工了指挥台围壳 - 艇身的原始模型,以及带机械式涡流发生器的试验模型,如图 11 - 3 所示。

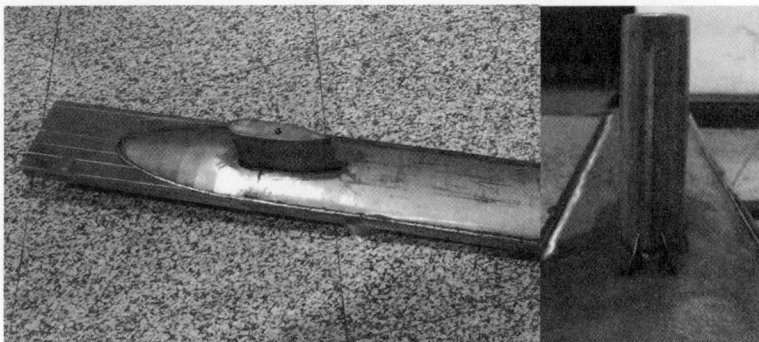

图 11 - 3 原始模型与带机械式涡流发生器的模型

接着加工了数值模拟得到的最佳降噪效果的试验模型,即振幅为 $0.025c$、波长为 $0.05h$ 的含锯齿前缘模型。图 11-4 为试验模型图。

(a) 原始模型与含锯齿前缘模型实物图　　　(b) 指挥台围壳顶部中心位置的螺纹凸台

图 11-4　试验模型图

首先,将试验模型与倒凸型底座通过法兰盘采用螺栓连接,法兰盘与底座间放置 2 mm 硅胶密封垫;然后,将脉动压力传感器安装在指挥台围壳的凸台内,保证脉动压力传感器与指挥台围壳表面平齐;最后,将试验模型与底座整体吊放入工作段上端盖的倒凸型空间内,通过螺栓连接实现与工作段的紧固。图 11-5 为模型安装的照片。

试验设备有五个水听器、直流电源、信号采集器、计算机、脉动压力传感

图 11-5　模型安装的照片

器。因脉动压力传感器尺寸较大,指挥台围壳尺寸小,仅在指挥台围壳的顶端中心位置处安装了一个脉动压力传感器。此处位于湍流区,可以接收到湍流脉动压力。五个水听器组成一个垂直阵,阵元两两相距 30 cm。图 11-6 试验装置示意图,图 11-7 为水听器阵。

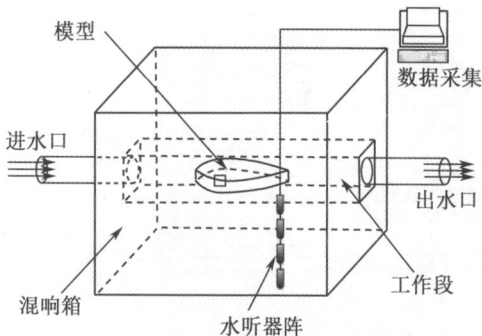

图 11-6　试验装置示意图

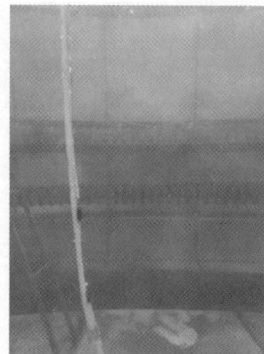

图 11-7　水听器阵

11.4 试验过程

(1)使用标准球形声源校准混响箱的修正量。首先,在混响箱内进行空间平均测量,取 10 次平均值;然后,在自由场中进行测量;通过保持声源的发射状态不变(即信号源和功率放大器的参数不变),通过相对比较的方法,得到混响箱的修正量,如图 11 - 8 所示。此外,也可以通过测量混响箱的混响时间得到混响箱的修正量,经测量混响箱的混响时间为 0. 130 6 s。

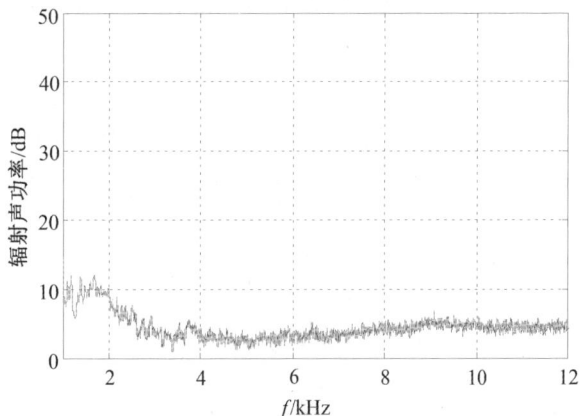

图 11 - 8 混响箱修正量

(2)将指挥台围壳 - 艇身模型吊装至工作段,打开混响箱注水阀,混响箱充满水后静置一段时间,并清除混响箱壁面的气泡。

(3)在混响箱内缓慢移动水听器阵测量背景噪声,通过相对比较,发现:模型的辐射声功率比混响箱的背景噪声大 15 dB 以上。

(4)打开上水阀,待水洞管道充满水后,通过工作台控制阀门组合的开闭得到不同的流速,测量 4. 62 m/s、8. 68 m/s 流速下模型的水动力噪声。在 $v = 8.68$ m/s 时,需进行空泡校核,以防止空化。指挥台围壳近似为翼型,厚度与弦长比 $h/c = 0.1875$,水洞高度 $H = 18$ m,模型表面压力可由下式求得:

$$P_\infty = \rho_0 gH - \frac{1}{2}\rho_0 v^2 \approx 1.39 \times 10^5$$

空泡数:

$$k = \frac{P_\infty - P_v}{\frac{1}{2}\rho_0 v^2} \approx \frac{P_\infty}{\frac{1}{2}\rho_0 v^2} \approx 3.69 \tag{11 - 15}$$

临界空泡数 $k_i < 1$,故试验模型不会发生空化。当流速稳定后,通过在混响控制区内缓慢移动水听器阵得到空间平均声压,每个模型在每组流速下进行 3 次测量。通过数据处理,得到原始模型与含锯齿前缘模型在不同流速下的辐射声功率与湍流脉动压力。

11.5 试验结果分析

11.5.1 机械式涡流发生器降噪效果

图 11 - 9 为不同流速下原始模型与施加机械式涡流发生器模型的脉动压力,可见:施加

机械式涡流发生器之后,模型在低频段的脉动压力显著减小,水动力噪声显著降低;在 $f =$ 50 Hz、$f = 150$ Hz 处存在脉动压力峰值,其中,$f = 50$ Hz 处的峰值来自交流电源,而不是来自水动力噪声。图 11 - 10 为不同流速下原始模型与施加机械式涡流发生器模型的辐射声功率,可见:施加机械式涡流发生器之后,模型的辐射声功率在 $f < 1\ 200$ Hz 时显著减小;施加机械式涡流发生器模型在 $f > 1\ 200$ Hz 时的辐射声功率大于原始模型;原始模型与施加机械式涡流发生器模型的水动力噪声随流速增加而增大;辐射声功率近似与流速的 6 次方成正比,$v = 4.62$ m/s 与 $v = 8.68$ m/s 时,施加机械式涡流发生器模型的辐射声功率分别降低 3.67 dB 与 7.93 dB,验证了数值模拟所得到的结论。这同时也表明:机械式涡流发生器在中高流速下具有良好的降噪效果。

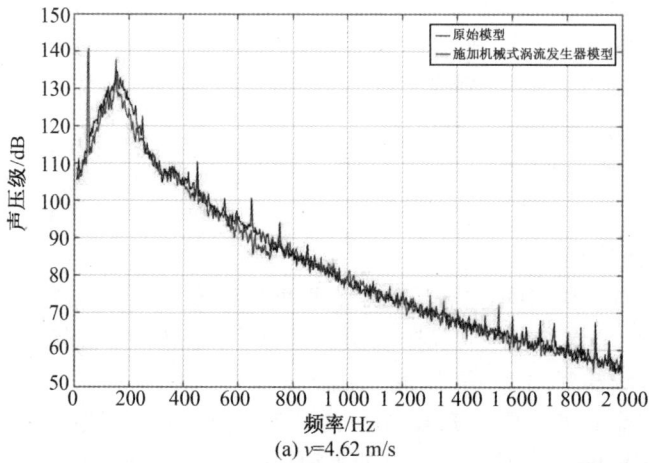

(a) $v = 4.62$ m/s

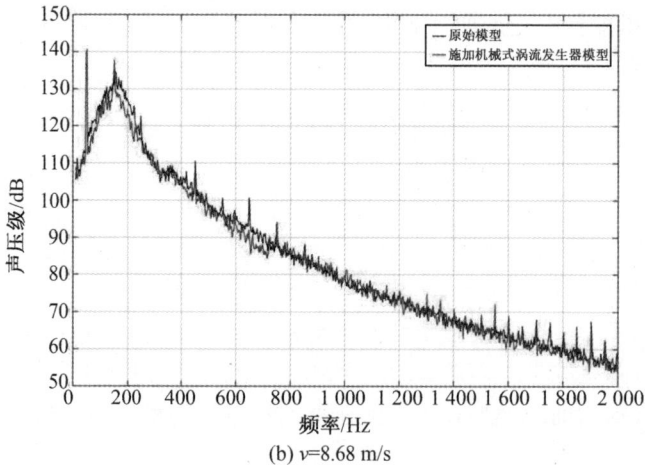

(b) $v = 8.68$ m/s

图 11 - 9　不同流速下原始模型和施加机械式涡流发生器模型的脉动压力

(a) v=4.62 m/s

(b) v=8.68 m/s

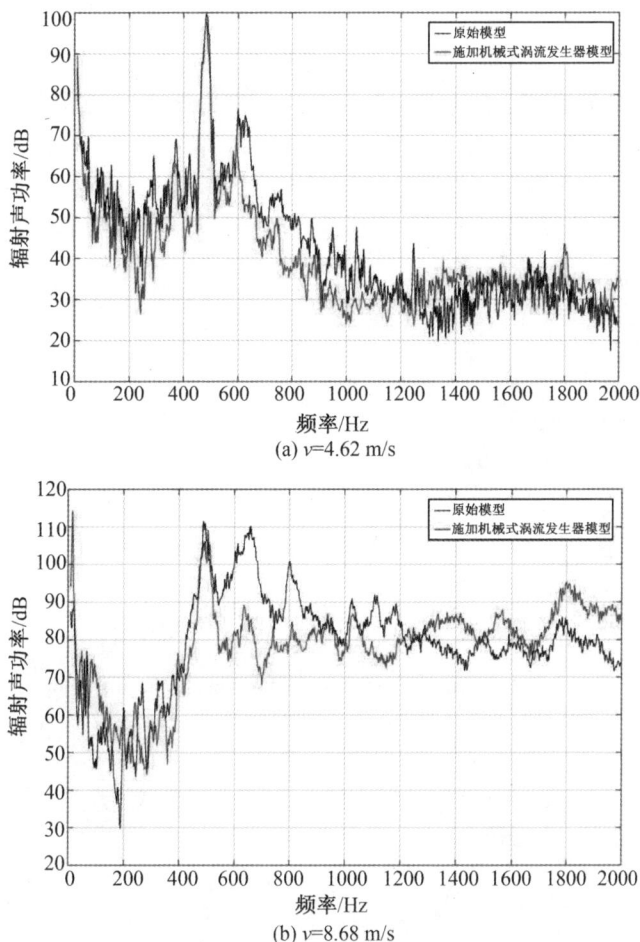

图 11 - 10 不同流速下原始模型和施加机械式涡流发生器模型的辐射声功率曲线图

11.5.2 锯齿前缘降噪效果

图 11-11 为原始模型和含锯齿前缘模型的湍流脉动压力。图 11-12 为原始模型和含锯齿前缘模型的辐射声功率曲线。由于脉动压力传感器必须通过调节器放大,使得脉动压力传感器只能在交流电下工作,交流电的频率为 50 Hz,因此脉动压力测量得到的 50 Hz 的峰值是来自于交流电,而不是来自于水动力噪声。在多次模型试验中,该峰值均不发生变化,也表明该分析是正确的。

在 $f < 500$ Hz 时,两模型均存在着脉动压力的峰值,说明在低频下模型的水动力噪声较大。随着频率的增加,脉动压力呈减小的趋势,说明水动力噪声随着频率的增大而减小。在 $f > 500$ Hz 时,两模型的辐射声功率随着频率的升高而不断减小,且噪声峰值产生的频率与数值计算结果相近。随着流速的增大,辐射声功率显著增大,辐射声功率近似与流速的6次方呈正比。在 $f<1\,000$ Hz 时,含锯齿前缘模型的脉动压力与辐射声功率均小于原始模型;在 $f>1\,000$ Hz 时,含锯齿前缘模型与原始模型的脉动压力交替变化,含锯齿前缘模型的辐射声功率大于原始模型。因此,可以验证前文的结论:锯齿前缘可抑制马蹄涡,改变表面压力分布,推迟边界层分离产生的大涡,减小在 $f<1\,000$ Hz 下的流激噪声。同时,这也验证了数值计算方法的准确性。

在 $v=8.68$ m/s 时,含锯齿前缘模型的辐射声功率降低了 8.89 dB,在 $v=4.62$ m/s 时,含锯齿前缘模型的辐射声功率降低了 3.92 dB,说明锯齿前缘在中高流速下具有降低水动力噪声的效果。

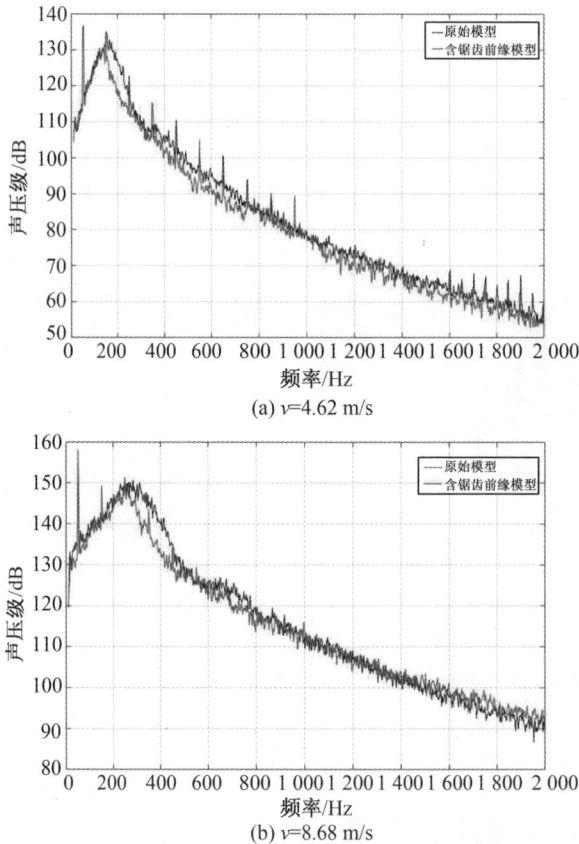

(a) v=4.62 m/s

(b) v=8.68 m/s

图 11-11　原始模型和含锯齿前缘模型的脉动压力($\mathrm{ref}=1\times10^{-6}$)

(a) v=4.62 m/s

(b) v=8.68 m/s

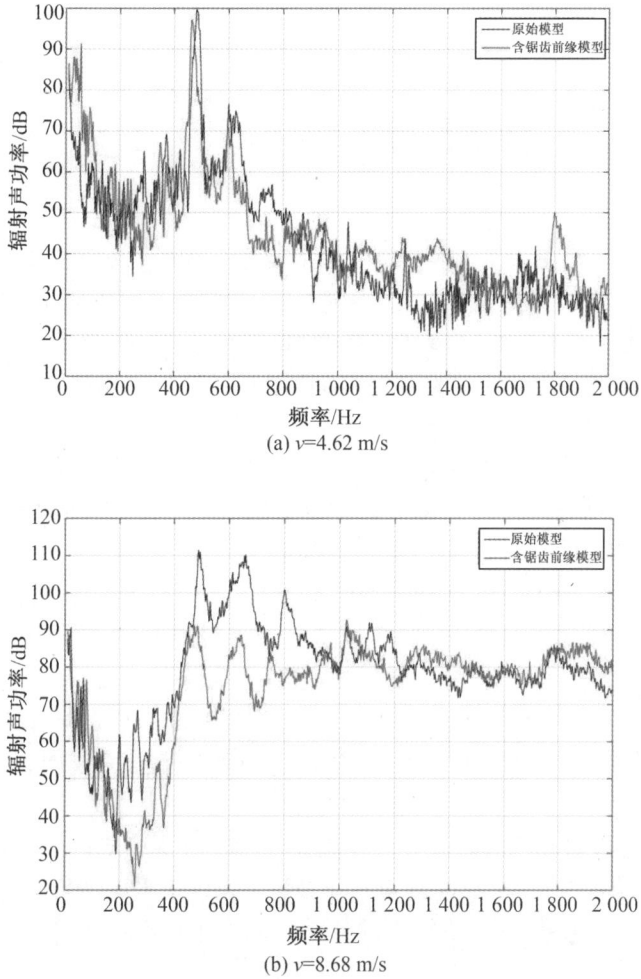

图 11－12 原始模型和含锯齿前缘模型的辐射声功率曲线（$ref = 0.67 \times 10^{-18}$）

11.6 本章小结

本章在重力式低噪声水洞中,应用测量湍流脉动压力结合混响法开展了原始模型与施加机械式涡流发生器和含锯齿前缘模型的水动力噪声试验。试验结果验证了数值计算方法的准确性。研究表明:机械式涡流发生器和锯齿前缘均可抑制马蹄涡、推迟边界层分离。机械式涡流发生器和锯齿前缘在不同来流速度下均可控制低频的水动力噪声。

第12章 结 论

本书针对水下航行器日益突出的水动力噪声问题,提出了控制流动进而降低流激噪声的方法;分析了可作为水下航行器典型结构代表(孔腔和指挥台围壳)的水动力噪声产生机理;提出了三种降低孔腔水动力噪声的流动控制技术——陷窝、后沿倒角、导流板;提出了四种降低指挥台围壳水动力噪声的流动控制技术——机械式涡流发生器、微型涡流发生器、锯齿前缘、仿生翼型尾缘。

本书采用 RANS 方法计算稳态流场,采用 LES 方法计算瞬态流场,采用 Lighthill 声类比与有限元和无限元相结合的方法计算了上述模型的水动力噪声,在此基础上,在重力式低噪声水洞中开展了相应的试验验证,主要结论如下。

(1)孔腔水动力噪声的来源有两处:开口处湍流对于孔腔后壁湍流脉动压力的激励;尾流涡系对腔口之后的结构表面的激励。不同流速下孔腔的流场、脉动压力场及声场分布相似,差别主要在于幅值不同。

(2)陷窝可有效控制孔腔的水动力噪声,相比后沿倒角和导流板,其控制频段更宽。陷窝降低水动力噪声的效果取决于大小与宽深比;当陷窝大小固定时,深陷窝的降噪效果优异。

(3)后沿倒角可以对孔腔的涡流进行导流,除大角度(大于60°)外,其余角度的后沿倒角均可取得一定的降噪效果;翼形面倒角的降噪效果要优于平面倒角。

(4)通过开展试验测量,本书所提出的流动控制技术可在一定频段上降低孔腔水动力噪声达到 5 dB。

(5)来流经过指挥台围壳时将会产生马蹄涡,产生低频流激噪声,指挥台围壳表面产生的边界层分离将产生全频段流激噪声,指挥台围壳尾缘处的脱落涡将产生单一频率的流激噪声。因此,马蹄涡、边界层分离、尾涡脱落这三大类不稳定流动是指挥台围壳处流激噪声的主要来源。

(6)在指挥台围壳前缘与艇身结合处施加机械式涡流发生器,可增大源头处的马蹄涡强度,削弱下游的马蹄涡强度,机械式涡流发生器可降低 $f < 1\,200$ Hz 下的流激噪声,但机械式涡流发生器产生的小涡旋增大了高频段的流激噪声。

(7)降噪量随着机械式涡流发生器角度的增加,呈先增大后减小的变化规律。梯形与三角形的机械式涡流发生器可实现降噪,半圆形机械式涡流发生器则会增加噪声。

(8)微型涡流发生器可延缓甚至消除指挥台围壳表面的边界层分离,改善尾缘处的尾涡脱落现象,减小因边界层分离与尾涡脱落产生的流激噪声,微型涡流发生器产生的细小涡结构增大了模型高频段的流激噪声。微型涡流发生器降低流激噪声随着攻角增大而增大,随入射角增大先增大后减小,随高度增大先增大后减小。

(9)$\lambda = 30°$、$\delta = 0.1c$ 的三角形机械式涡流发生器具有最佳降噪效果,降噪量达到了 9.65 dB;攻角为30°、入射角为60°、高度为 0.6δ 的微型涡流发生器具有最佳降噪效果,降噪量达到了 11.1 dB。

(10)通过在重力式低噪声水洞,应用混响法结合测量湍流脉动压力的方法开展模型的水动力噪声测试,发现:在 $v = 8.68$ m/s 时,机械式涡流发生器可使模型的水动力噪声降低达到 7.93 dB,验证了数值计算结果的准确性。

(11)锯齿前缘可推迟边界层分离,在源头处与运行路径上削弱马蹄涡的强度,可降低了低频段的流激噪声,但是锯齿前缘增大了高脉动压力区域的面积,产生了副作用;锯齿前缘的降噪效果是随着振幅先增大后减小,随着波长的增加而减小。

(12)仿生翼型尾缘可延缓边界层分离,使得尾缘处涡脱落更迅速,涡更小更碎,可降低低频段的流激噪声;但是,仿生翼型尾缘增加了尾迹中的小涡,会增大高频段的流激噪声;降噪效果是随着振幅的增大而增加的。

(13)振幅 $0.025c$、波长 $0.05h$ 的锯齿前缘具有最佳的降噪效果,可使流激噪声辐射声功率降低 10.19 dB;振幅 $0.1c$、波长 $0.1h$ 的仿生翼型尾缘具有最佳的降噪效果,可使流激噪声辐射声功率降低 11.29 dB;频率 10～2 000 Hz。

(14)通过在重力式低噪声水洞中进行原始模型与含锯齿前缘模型的水动力噪声试验,应用混响法结合湍流脉动压力相对评价的方法,发现:锯齿前缘可有效降低中高流速 $f < 1\ 000$ Hz 下的水动力噪声。这与数值计算得到的结论一致。

本书的研究结果为水下航行器的孔腔和凸体结构(指挥台围壳)流激噪声的治理提供了控制方法。由于所提供的流动控制技术对孔腔和指挥台围壳的破坏极小,而且陷窝、倒角、导流板、机械式涡流发生器、微型涡流发生器、锯齿前缘、仿生翼型尾缘的加工难度低,使得上述这些流动控制技术的工程应用性很强。后续将在前期研究的基础上,在大型循环水槽中开展大型模型水动力噪声的降噪工作,为上述这些流动控制技术走向工程应用奠定坚实基础。

参 考 文 献

［1］ 吕世金,俞孟萨,李东升.水下航行体水动力辐射噪声预报方法研究［J］.水动力学研究与进展(A 辑),2007(04):475－482.

［2］ 卢云涛,张怀新,潘徐杰.全附体潜艇的流场和流噪声的数值模拟［J］.振动与冲击,2008,27(9):142－146.

［3］ 刘志华,熊鹰.消涡整流片对潜艇马蹄涡的控制及其与辅翼效果的比较［J］.船舶力学,2011,15(10):1102－1109.

［4］ BROOKS T F, POPE D S, MARCOLINI M A. Airfoil self-noise and prediction［J］. NASA Reference Publication, 1989, 1218.

［5］ KARAMCHETI K. Sound radiation from rectangular cutout［R］. NACA TN-3487,1955.

［6］ ROSSITER J E. Wind tunnel experiments of the flow over rectangular cavities at subsonic and transonic speeds［R］. Aeronautical Research Council, R&M3438,1964.

［7］ ROCKWELL D, NAUDASCHER E. Review: self-sustaining oscillations of flow past cavities［J］. Journal of Fluid Engineering, Transactions of the ASME, 1978, 100 (2): 152－165.

［8］ ASHCROFT G B, TAKEDA K, ZHANG X. A numerical investigation of the noise radiated by a turbulent flow over a cavity［J］. Journal of Sound and Vibration,2003,265:43－60.

［9］ 张楠,沈泓萃,姚惠之,等.孔穴流激噪声的计算与验证研究［J］.船舶力学,2008(05):799－805.

［10］ 郝宗睿,王乐勤,周忠海,等.孔腔流场及气动噪声数值模拟［J］.浙江大学学报(工学版),2013,47(1):131－138.

［11］ 耿冬寒,刘正先.大涡模拟－Lighthill 等效声源法的孔腔水动噪声预测［J］.哈尔滨工程大学学报, 2010, 31(2):182－187.

［12］ 陈荣钱,伍贻兆,夏健.基于SNGR 方法的二维孔腔噪声数值模拟［J］.南京航空航天大学学报,2012, 44(1):56－60.

［13］ 孙霖,陈敏,张志国,等.基于大涡模拟与声学类比的二维孔腔流动特性与水动噪声研究［C］.全国水动力学学术会议,2013.

［14］ PASCAL H, FRANçOISE S, JAN W. Réduction semi-active du battement de volume généré par une cavité profonde soumise à un écoulement aérodynamique［J］. Xavier Amandolese,C. R. Mecanique, 2002,330: 101－106.

［15］ WANG Y P, LEE H C, LI K M,et al. Experimental and numerical study of flow over a cavity for reduction of buffeting noise［J］. Acta Acustica United with Acustica,2012,98: 600－610.

［16］ MAHMOUD S ,ATEF M. Passive control of flow excited acoustic resonance in rectangular cavities using upstream mounted blocks［J］. Experiments in Fluids,2015,56:1－12.

［17］ LIU H R, AZARPEYVAND M, WEI J J, et al. Tandem cylinder aerodynamic sound control using porous coating[J]. Journal of Sound and Vibration,2015,334:190 – 201.

［18］ LU Z B, HALIM D, CHENG L. Flow-induced noise control behind bluff bodies with various leading edges using the surface perturbation technique[J]. Journal of Sound and Vibration,2016,369:1 – 15.

［19］ WANG Y P, LI S, YANG X. Numerical investigation of the passive control of cavity flow oscillations by a dimpled non-smooth surface[J]. Applied Acoustics,2016,111:16 – 24.

［20］ 赖焕新,周邵萍,苏永升,等. 孔腔流动的大涡模拟及气动噪声控制[J]. 工程热物理学报,2008,29(2):228 – 232.

［21］ 陈逖,孙明波,范晓樯,等. 射流式涡流发生器对于边界层分离控制作用的数值模拟研究[C]. 高超声速科技学术会议,2010.

［22］ 徐俊,唐科范,张旭. 基于数值模拟的孔腔水动噪声机理及其控制研究[J]. 水动力学研究与进展, 2014,29(5):618 – 629.

［23］ 刘静,李杰. 不同深宽比陷窝诱导涡结构分析[J]. 航空计算技术,2014,44(05):5 – 8.

［24］ 刘璐璐,吕世金,刘进. 流激孔腔噪声特征及控制方法研究[J]. 船舶力学,2017,21(04):493 – 502.

［25］ CORCOS G M. The resolution of turbulent pressures at the wall of a boundary layer[J]. Journal of Sound & Vibration, 1967, 6(1):59 – 70.

［26］ CHASE D M. The wave-vector-frequency spectrum of pressure on a smooth plane in turbulent boundary-layer flow at low Mach number[J]. Journal of the Acoustical Society, 1991, 90(2):1032 – 1040.

［27］ SMOL'YAKOV A V,BACKACHE V M. Model of a field pseudo-sonic turbulent wall pressure and experimental data[J]. Soviet Physics-acoustics,1991,36(6):627 – 631.

［28］ 汤谓霖. 湍流边界层压力起伏激励下弹性板的噪声辐射[J]. 声学学报, 1991(5):352 – 364.

［29］ 王春旭,曾革委,许建. 湍流边界层脉动压力波数 – 频率谱模型对比研究[J]. 中国舰船研究, 2011, 06(1):35 – 40.

［30］ 李祖荟,陈美霞. 湍流边界层激励下平板辐射噪声数值计算方法[J]. 中国舰船研究, 2017, 12(4):76 – 82.

［31］ GROVES N C,HUANG T T,CHANG M S. Geometric characteristics of DARPA SUBOFF models[R]. David Taylor Research Center,1989.

［32］ HUANG T, LIU H L. Measurement of flows over an axisymmetric body with various appendages in a wind tunnel the DARPA SUBOFF experimental programp[J]. Fluid Dynamics, 1994,26:312.

［33］ BULL P, WASTON S. The scaling of high reynolds number viscous flow predictions for appended submarine geometries[C]. Proceedings of 22nd Symposium on Naval Hydrodynamics,1998.

［34］ RICKARD B, TOBIAS P. Large eddy simulation of the viscous flow around submarine hulls[C]. 25th Symposium on Naval Hydodynamics. St John's, Newfoundland ,2004.

[35] NAH Y, BANG H D, PARK J C. Numerical simulation of turbulent wake behind SUBO-FF model[J]. Journal pf the Society of Naval Architects of Korea, 2010, 47(4): 517-524.

[36] HOLLOWAY A G L, JEANS T L, WATT G D. Flow separation from submarine shaped bodies of revolution in steady turning[J]. Ocean Engineering, 2015, 108: 426-438.

[37] 赵峰, 周连第. 潜艇含指挥台附体区域周围黏性流场的多块耦合计算[J]. 船舶力学, 1996(2): 48-68.

[38] 魏应三, 王永生. 基于声场精细积分算法的潜艇流激噪声预报[J]. 计算力学学报, 2012, 29(4): 574-581.

[39] 吕世金, 俞孟萨, 李东升. 水下航行体水动力辐射噪声预报方法研究[J]. 水动力学研究与进展, 2007, 22(4): 475-482.

[40] 吕世金, 张占阳, 张晓伟. 流激双层加肋圆柱壳水动力噪声计算方法[C]// 中国造船工程学会, 船舶力学学术委员会. 水下噪声学组成立三十周年船舶水下噪声学术讨论会, 2015.

[41] 许影博, 陈奕宏, 唐登海. 水翼流激振动噪声特性数值模拟研究[C]// 2016年度声学技术学术会议, 2016: 275-279.

[42] 张楠, 沈泓萃, 姚惠之. 潜艇阻力与流场的数值模拟与验证及艇型的数值优化研究[J]. 船舶力学, 2005, 9(1): 1-13.

[43] 张楠, 沈泓萃, 姚惠之. 用雷诺应力模型预报不同雷诺数下的潜艇绕流[J]. 船舶力学, 2009, 13(5): 688-696.

[44] 涂海文, 孙江龙. 基于CFD的潜艇阻力及流场数值计算[J]. 舰船科学技术, 2012, 34(3): 19-25.

[45] 吕晓军, 周其斗, 段嘉希. 网格参数与离散格式对潜艇阻力预报精度的影响[J]. 海军工程大学学报, 2014, 26(2): 40-44.

[46] 赵骥, 朱仁传, 缪国平. 求解SUBOFF绕流问题的黏势流耦合方法[J]. 中国造船, 2017, 58(1): 73-82.

[47] 孙权. 水下航行体流致噪声的数值研究[D]. 武汉: 武汉理工大学, 2014.

[48] 卢云涛, 张怀新, 潘徐杰. 四种湍流模型计算回转体流噪声的对比研究[J]. 水动力学研究与进展(A辑), 2008(03): 348-355.

[49] 许际波, 郭和平, 王志伟. 流激围壳结构的低频噪声数值模拟研究[J]. 舰船科学技术, 2016, 38(11): 154-157.

[50] 缪旭弘, 王雪仁, 高晟耀. 水下航行器流激噪声特性研究[C]// 第十六届船舶水下噪声学术讨论会论文集, 2017.

[51] 刘志华, 熊鹰, 王展志. 潜艇新型整流方法的设计与试验研究[J]. 中国造船, 2010, 51(3): 47-55.

[52] 张楠, 吕世金, 沈泓萃. 潜艇围壳线型优化抑制脉动压力与流激噪声的数值模拟研究[J]. 船舶力学, 2014(4): 448-458.

[53] GRIFFIN D A. Investigation of vortex generators for augmentation of wind turbine power performance[R]. Golden: National Renewable Energy Laboratory, 1996.

[54] TIMMER W A, UAN ROOY R P J O M. Summary of the university wind turbine dedica-

ted airfoils[J]. Journal of Solar Energy Engineering, 2003, 125(4): 488 – 496.

[55] TIMMER W A, UAN ROOY R P J O M. Wind tunnel results for a 25% thick wind turbine bladc airfoil[C]. //European Community Wind Energy Conference, Lubeck,1993.

[56] HEYES A L,SMITH D A R. Modification of a wing tip vortex by vortex generators[J]. Aerospace Science and Technology,2005, 9(6): 469 – 475.

[57] VELTE C M, HANSEN M O L,MEYER K E, et al. Evaluation of the performance of vortex generators on the DU91-W2-250 profile using stereoscopic PIV [C]. The 14th,2009.

[58] 倪亚琴. 涡流发生器研制及其对边界层的影响研究[J]. 空气动力学学报,1995,13(1):110 – 116.

[59] 刘刚,刘伟,牟斌. 涡流发生器数值计算方法研究[J]. 空气动力学学报,2007,25(2): 241 – 244.

[60] 郝礼书,乔志德,宋文萍. 涡流发生器布局方式对翼型失速流动控制效果影响的试验研究[J]. 西北工业大学学报,2011,29(4):524 – 528.

[61] PYUNGKUK L, YOUNGJUN J,TAEYOUNG B. A study on the stern flow affected by vortex generator for low speed vessel[C]. Proceedings of 3rd PAAMES and AMEC, 2008:63 – 68.

[62] BARDERA-MORA R, BARCALA-MONTEJANO M A, RODRÍGUEZ-SEVILLANO A, et al. Passive flow control over the ski-jump of aircraft carriers[J]. Ocean Engineering, 2016,114:134 – 141.

[63] LU F, HUANG H B. Cavitation observation and pressure fluctuation measurements for model propellers of XXDWT bulk carrier[R]. 无锡:七〇二所科技报告,2008.

[64] ATKINSON M D. Numerical investigation of a super-sonic in-let using bleed and micro ramps to control shock-wave/boundary layer interactions [R]. AIAA – 2007 – 0024, 2007.

[65] LEE S, LOTH E. Supersonic boundary layer interactions with vanous micro – vortex generator geometries[R]. AIAA – 2009 – 3712, 2009.

[66] LEE S, LOTH E, BABINSKY H. Normal shock boundary layer control with various vortex generator geometries[J]. Computers & Fluids, 2011,49 (1): 233 – 246.

[67] TAI T C. Effect of micro-vortex generators on V-22 aircraft forward-flight aerodynamic [R]. AlAA – 002 – 0553,2002.

[68] LIN J C, ROBINSON S K. Separation control on high-lift air-foils via micro-vortex generators[R]. AIAA-1994 – 46653,1994.

[69] BAHINSKY H, LI Y, FORD C W P. Microramp control of supersonic oblique shock-wave/ boundary-layer interactions[J]. AIAA Journal, 2009, 47(3):668 – 675.

[70] 褚胡冰,陈迎春,张彬乾. 增升装置微型涡流发生器数值模拟方法研究[J]. 航空学报,2010, 33(1): 11 – 21.

[71] 王博. 基于微型涡流发生器的激波—边界层干扰控制研究[D]. 长沙:国防科学技术大学,2010.

[72] WANG B, LIU W D, ZHAO Y X, et al. Experimental investigation of the micro-ramp

based shock wave and turbulent boundary layer interaction control[J]. Physics of Fluids, 2012, 24(5):14.

[73] 薛大文,陈志华,孙晓晖. 微型三角楔超声速绕流特性的研究[J]. 工程力学,2013, 30(4): 455 - 460.

[74] GRAHAM R R. The silent flight of owls[J]. The Aeronautical Journal, 1934, 38 (286):837 - 843.

[75] KROEGER R A, GRUSHKA H D, HELVEY T C. Low speed aerodynamics for ultra-quiet flight[R]. TENNESSEE UNIV SPACE INST ,1972.

[76] SODERMAN P T. Aerodynamic effects of leading-edge serrations on a two-dimensional airfoils[R]. NASA - TM - X - 2643,1972.

[77] SCHWIND R G, ALLEN H J. The effects of leading-edge serrations on reducing flow unsteadiness about airfoils[J]. AIAA paper,AIAA - 1973,1973:73 - 89.

[78] HERSH A S, HAYDEN R E. Aerodynamic sound radiation from lifting surfaces with and without leading-edge serrations[R]. NASA - CR - 114370,1971.

[79] SHINICHIRO I T O. Aerodynamic influence of leading edge serration on an airfoil in a low reynolds number [J]. Journal of Bio-mechanical Science and Engineering,2009 (26):455 - 465.

[80] GEYER T F , WASALA S H , CATER J E , et al. Experimental investigation of leading edge hook structures for wind turbine noise reduction[C]// Aiaa/ceas Aeroacoustics Conference,2015.

[81] BIEDERMANN T M , CHONG T P , KAMEIER F , et al. Statistical-empirical modeling of airfoil noise subjected to leading-edge serrations[J]. AIAA Journal, 2017(33): 1 - 15.

[82] LYU B , AZARPEYVAND M . On the noise prediction for serrated leading-edges[J]. Journal of Fluid Mechanics, 2017, 826:205 - 234.

[83] 梁桂强. 轴流风机降噪技术的仿生学研究[D]. 长春:吉林大学, 2005.

[84] 石磊. 圆柱杆件气动噪声仿生控制研究[D]. 长春:吉林大学, 2013.

[85] HOWE M S. Aerodynamic noise of a serrated trailing edge[J]. Journal of Fluids & Structures, 1991, 5(1):33 - 45.

[86] HOWE M S. Noise produced by a sawtooth trailing edge[J]. Acoustical Society of Journal, 1998, 90(1):482 - 487.

[87] JONES L E, SANDBERG R D. Acoustic and hydrodynamic analysis of the flow around an aerofoil with trailing-edge serrations[J]. Journal of Fluid Mechanics, 2012, 706(43): 295 - 322.

[88] CHONG T P,JOSEPH P F. An experimental study of airfoil instability tonal noise with trailing edge serrations [J]. Journal of Sound and Vibration, 2013, 332(24): 6335 - 6358.

[89] AVALLONE F, BSTING S , RAGNI D. Three-dimensional flow field over a trailing-edge serration and implications on broadband noise [J]. Physics of Fluids, 2016, 28 (11):117101.

［90］ 陈坤，刘庆平，廖庚华. 利用雕鸮羽毛的消音特性降低小型轴流风机的气动噪声［J］. 吉林大学学报（工学版），2012，42（1）:79 – 84.

［91］ 许影博，李晓东. 锯齿型翼型尾缘噪声控制实验研究［J］. 空气动力学学报，2012，30（1）:120 – 124.

［92］ 刘小民，汤虎，王星. 苍鹰翼尾缘结构的单元仿生叶片降噪机理研究［J］. 西安交通大学学报，2012，46（1）:35 – 41.

［93］ 黄乾. 基于大涡模拟的锯齿尾缘翼型流动分析及气动噪声预测［D］. 北京:清华大学，2015.

［94］ FERZIGER J H，PERIC M. 流体动力学中的计算方法［M］. 北京:世界图书出版公司北京公司，2012.

［95］ 黄克智，薛明德，陆明万. 张量分析［M］. 北京:清华大学出版社，2003.

［96］ 戈德斯坦. 气动声学［M］. 闫再友，译. 北京:国防工业出版社，2014.

［97］ 秦麒凯，刘永伟，商德江. 一种高透声低噪声声呐透声窗的仿真研究［C］∥ 船舶水下噪声学术讨论会，2017.

［98］ JIN G Y，YET G，SU Z. Structural vibration-a uniform accurate solution for laminated beams，plates and shells with general boundary conditions［M］. Beijing:Science Press，2015.

［99］ HEATWOLE C M，FRANCHEK M A，BERNHARD R J. A robust feedback controller implementation for flow induced structural radiation of sound［J］. Noise-Con 96，Seattle，Wash，1996，62 – 357.

［100］ LAFON P，CAILLAUD S，DEVOS J P，et al. Aeroacoustical coupling in a ducted shallow cavity and fluid/structure effects on a steam line［J］. Journal of Fluids and Structures，2003，18:695 – 713.

［101］ 张博. 水下开口腔流噪声机理研究［D］. 哈尔滨:哈尔滨工程大学，2015.